Dies ist die Geschichte von **Zwei Greenhorns**, die auszogen, um **in Alaska** das große Abenteuer zu erleben. Ohne jegliche Wildnis- und Kanu-erfahrung wagten sich Eva und Martin auf den Birch River, einen Nebenfluß des Yukon.

Der ungeschminkte Tatsachen-bericht bietet eine unterhaltsame Mischung aus spannendem Abenteuer, ungewöhnlichen Begebenheiten und lustigen Episoden. Auf der erlebnisreichen Fahrt kam es zu zahlreichen unvorhergesehenen Situationen und dramatischen Begegnungen mit Tieren und Naturgegebenheiten.

Das Buch enthält außerdem viele nützliche Informationen zur Vorbereitung und Durchführung einer solchen Expedition. Es ermutigt andere "Greenhorns", sich ebenfalls - nach gründlicher Vorbereitung und Planung - auf ein Wildnisabenteuer einzulassen.

BAND 124

OUTDOORHANDBUCH

MARTIN ASSHAUER & EVA GLOCK

ZWEI GREENHORNS IN ALASKA

FERNWEHSCHMÖKER

Alle Informationen in diesem Reisebericht
wurden nach bestem Wissen zusammengestellt.

Eine Garantie für den Inhalt im Sinne der Produkthaftung
kann von den Autoren und dem Verlag
nicht übernommen werden.

Der Autor und der Verlag sind für Verbesserungsvorschläge
(besonders als e-Mail oder auf Diskette)
unter Angabe der Auflagen- und Seitennummer dankbar.

Leser, deren Einsendung verwertet wird,
werden in der nächsten Ausgabe genannt
und erhalten als Dank ein Exemplar der neuen Auflage
oder ein anderes Buch ihrer Wahl
aus dem Programm des Verlags.

ZWEI GREENHORNS IN ALASKA

OutdoorHandbuch aus der Reihe Fernwehschmöker, Band 124

ISBN 3-89392-524-4   1. Auflage

Dieses OutdoorHandbuch wurde konzipiert und redaktionell erstellt vom
Conrad Stein Verlag, In der Mühle, 25821 Struckum
☎ 04671/931314, FAX 04671/931315
✎ <outdoor@tng.de> 🖳 <http://outdoor.tng.de>
für die OutdoorHandbuch Stein KG, Struckum.

Unsere Bücher sind überall im wohlsortierten Buchhandel und in cleveren
Outdoorshops in Deutschland, Österreich und der Schweiz erhältlich.
Auslieferung für den Buchhandel:
Ⓓ Prolit, Fernwald und alle Barsortimente,
Ⓐ freytag & berndt, Wien,
ⒸⒽ AVA-buch 2000, Affoltern und Schweizer Buchzentrum.

Text und Fotos: Martin Aßhauer & Eva Glock
Lektorat: Conrad Stein, Marie-Luise Tolkmit
Gesamtherstellung: Breklumer Druckerei, 25821 Breklum

Dieses OutdoorHandbuch hat 93 Seiten mit 43 Abbildungen und 1 Karte.
Es wurde der Umwelt zuliebe auf chlorfrei gebleichtem Papier gedruckt.

INHALT

Einleitung   8

Alaska - wir kommen!   10

Letzte Vorbereitungen für die Wildnis   15

Aufbruch ins Ungewisse   23

Sweeper   35

Orientierungslos   42

"Planet der Affen"   48

Wildniskoller   53

Rapids   58

Eiszeit   64

Serengeti des Nordens   66

Äschen   72

Im Insellabyrinth   76

Hechte und Treibsand   82

Geschafft!   85

Packliste   90

**Besuchen Sie uns doch immer mal wieder
auf unserer Homepage im Internet.
Dort finden Sie...**

▷   aktuelle Updates zu diesem OutdoorHandbuch und
▷   zu unseren anderen Reise- und OutdoorHandbüchern,
▷   Zitate aus Leserbriefen,
▷   Kritik aus der Presse,
▷   interessante Links,
▷   unser komplettes und aktuelles Verlagsprogramm sowie
▷   viele interessante Sonderangebote für Schnäppchenjäger:

⌨   http://outdoor.tng.de

EINLEITUNG

Bis zum 15. Juni des Jahres 2001 waren wir echte Greenhorns. Unsere Wildnis-erfahrung belief sich auf eine Übernachtung unter freiem Himmel am Strand von Dänemark in Begleitung von zwei Freunden, für die wir uns ausreichend mit Grillgut, Bier, eisgekühltem White Russian in Thermoskannen sowie einem Stand-grill Marke "Landmann" eingedeckt hatten. Ich hätte mir nicht träumen lassen, daß sich meine Erfahrungen außerhalb der Zivilisation noch wesentlich erweitern wür-den. Eines Tages jedoch hatte Martin ein Buch aufgetrieben und sich gleich mit dem Titel infiziert: Alaska-Fieber!

Anfangs hoffte ich noch, daß sich die Symptome bald wieder legen würden. Ich gebe gern zu, daß ich mir einfach nicht vorstellen konnte, mit einem schwe-ren Rucksack durch die Wildnis zu ziehen und von Baumrinde oder selbsterleg-ten Tieren zu leben. Hinzu kam meine Angst vor Bären und Wölfen sowie meine feste Überzeugung, nicht am Ende der Nahrungskette zu stehen.

Irgendwann merkte ich, daß Martin es ernst meinte. Es kam dann die Phase der Alaska-Bildbände. Jeden Tag bekam ich ein anderes Buch mit den schönsten Aufnahmen der unberührten Natur Alaskas unter die Nase gehalten.

Noch war mein Widerstand groß, da das Problem der Nahrungsmittelversor-gung in der Wildnis für mich nicht lösbar schien. Ich bin ein Freund guten Essens, schleppe aber nicht gern Unmengen von Proviant mit mir herum. So konnte mich auch das Beispiel einer Arbeitskollegin von Martin nicht umstimmen, die in jugendlichem Leichtsinn zwei Wochen mit einem Stück Käse und einer Tüte Rosi-nen durch Kanadas Wälder spaziert war.

Als wir schließlich im Internet den "Alaska Expedition Service" entdeckten, wußte ich, daß es wirklich ernst wurde. Das Angebot von Peter Kamper, einem vor 18 Jahren ausgewanderten Deutschen, schien die optimale Lösung zur Erfül-lung von Martins Traum vom einsamen Überleben in der Wildnis und meiner kuli-narischen Bedürfnisse zu bieten: eine Kanutour auf eigene Faust auf einem einsa-men Wildwasserfluß in Zentralalaska.

Zwar konnte keiner von uns paddeln, geschweige denn ein Kanu steuern. Aber mir war immerhin klar, daß man in so einem Boot viel transportieren konnte, ohne es auf dem Rücken schleppen zu müssen. Als wir dann noch die Internet-Seiten von Yukon-Helmut fanden, der offenbar ohne größere Probleme eine Woche allein mit einem Kanu auf dem Alatna-River unterwegs war, keimte auch in mir der Wunsch nach Wildnisromantik. Es begann die monatelange Vorbereitung auf unser großes Abenteuer. Unsere freien Samstage verbrachten wir von nun an in Hamburgs überfüllten Outdoorläden. Die übrige Zeit setzten wir uns zu Hause mit der Fachliteratur auseinander. Wir hatten viel zu lesen, neben diversen Alaska-Reiseführern auch Ratgeber wie "Kanuwandern", "Wie helfe ich mir draußen?", "Angeln" oder "How to shit in the woods". Als Bibliotherapie zur Bekämpfung meiner Wolfsängste erwies sich "Ein Sommer mit Wölfen" als sehr hilfreich. Meine Bärenängste hatte ich dagegen nicht wesentlich abbauen können...

In den Fachgeschäften ließen wir uns gern ausgiebig über die notwendige Ausrüstung beraten, wobei uns das ungläubig-mitleidige Gesicht einiger Verkäufer beim Erzählen unseres Vorhabens nicht entging. Besonders in der Kanu-Abteilung, wo wir uns ursprünglich wasserdichte Packtaschen kaufen wollten, kamen bei dem Verkäufer große Zweifel auf, als er erfuhr, daß wir noch nicht einmal Kanufahren konnten.

Das wollten wir natürlich noch erlernen, wobei sich bei unserer Suche im Internet herausstellte, daß die einzige Anfängerschulung im Kanadier am Tag der Kinderkommunion von Martins Neffen stattfand und somit für uns ausfiel. Wir trainierten dann mit Hilfe unserer Fachliteratur volle zweimal: auf der Dove-Elbe, einem kleinen romantischen Zufluß der Elbe ohne erkennbare Strömung, und auf dem Isekanal, einem Paradies für Tretbootfahrer. Immerhin glaubte Martin, auf diese Weise den ominösen "J-Schlag" erlernt zu haben - ein für den Steuermann unverzichtbarer, aber schwieriger Grundschlag. Hinsichtlich unserer körperlichen Fitneß hofften wir im übrigen, daß uns die Paddeltour keine größeren Strapazen abverlangen würde. Es konnte also nicht mehr viel schief gehen, und gegen meine Angst, mir in den alaskanischen Nächten im Zelt die Füße abzufrieren, kauften wir noch ein Paar sündhaft teure expeditionstaugliche Daunen-Booties.

Um unser wirklich einmaliges Erlebnis für die Ewigkeit zu konservieren, haben wir während unserer Tour ein Tagebuch geführt. Es handelt sich um unser gemeinsames Werk, ist aber vor allem aus Gründen der besseren Lesbarkeit aus Martins Perspektive geschrieben. Für alle Stellen, an denen ich als besonders ängstlich erscheine, bin ich also mit verantwortlich und stehe dazu, denn genauso war es. Übrigens bin ich noch immer der Meinung, daß meine Vorsicht oft gar nicht so dumm war...

Zumindest sind wir gut wieder zurück gekommen und konnten diesen Bericht schreiben.

Eva Glock

ALASKA - WIR KOMMEN!

Von Frankfurt aus ging der einmal wöchentliche Flug nach Fairbanks, der mit 70.000 Einwohnern zweitgrößten Stadt Alaskas. Wir waren neugierig auf unsere Mitreisenden. Zu unserer Überraschung waren die meisten Fluggäste ältere Leute - vermutlich Rentner. Nur wenige machten den Eindruck, als ob sie am Beginn irgendeines Abenteuers oder einer Expedition stünden. Wir fragten uns, bis zu welchem Alter man wohl noch gewillt ist, sich in die Wildnis zu begeben. Oder gab es noch andere Urlaubsalternativen in Alaska, von denen wir bisher nichts geahnt hatten? Fast ein wenig enttäuscht, vertieften wir uns in unsere Outdoor-Ratgeber.

Einen ersten Eindruck von der unberührten Wildnis des Nordens bekamen wir, als wir über Grönland und die Inselwelt des Polarmeeres flogen. Die unendlich wirkende Landschaft mit ihren verschneiten, kahlen Bergrücken hinterließ einen ausgesprochen lebensfeindlichen Eindruck...

Beim kurzen Zwischenstopp im kanadischen Whitehorse verließen dann die meisten Passagiere die Maschine. Die verbleibenden Reisenden wirkten nun schon etwas abenteuerlicher. Der Altersdurchschnitt war deutlich gesunken; man trug Bergschuhe, abgewetzte Hosen mit aufgesetzten Beintaschen und breitkrempige Hüte. Den Gesprächsfetzen, die wir zum Teil mitbekamen, entnahmen wir, daß man Wanderungen oder auch Fischfang geplant hatte. Ein junger Mann suchte noch eine gute Campmöglichkeit für die erste Nacht in Fairbanks...

"Haben Sie irgendwelche Fleischprodukte dabei?", wurden wir nach einer endlos erscheinenden Wartezeit in der Zollkontrolle von einer jungen attraktiven Dame mit Latexhandschuhen gefragt.

Wir versicherten, daß dies nicht der Fall sei, obwohl es für einige unserer Tütensuppen nicht ganz zutraf.

"Wenn ich gleich ihr Gepäck trotzdem öffne und irgendwelche Agrarprodukte finde, stecken Sie richtig in der Klemme. Wir haben strenge Vorschriften zur Verhütung der Maul-und-Klauen-Seuche."

Da bei der Röntgen-Kontrolle sichtbar wurde, daß wir jede Menge Nahrungsmittel und Medikamente dabei hatten, wurde unser mühsam gepackter Schalenkoffer geöffnet und Stück für Stück geprüft. Zum Glück verstand die strenge Kontrolleurin kein Wort Deutsch und mußte unserer Versicherung trauen, daß es sich bei unseren Tütensuppen lediglich um vegetarische Trockenprodukte handele. Zu unserer Erleichterung durften wir alles behalten.

Wir waren nun sehr auf Peter gespannt - in unserer Vorstellung ein großer, bärtiger, etwas älterer Haudegen mit einer entsprechend abenteuerlichen Erscheinung. Da wir von den eintreffenden Gästen das einzige jüngere Pärchen waren, dachten wir, daß er uns schon erkennen würde. Außerdem hatten wir ja unsere neu erstandenen Outdoor-Klamotten an. Wir wurden langsam nervös, als sich der Flughafen leerte und wir immer noch ratlos herumstanden. Peters genaue Adresse kannten wir nicht und bei dem Versuch, ihn anzurufen, meldete sich nur der Anrufbeantworter.

Wir sahen schon einige Zeit in unserer Nähe auf einer Bank einen jüngeren Typen in Jeans und Sweatshirt sitzen, von dem wir uns gut vorstellen konnten, daß er auch bei Peter gebucht hatte. Wir überlegten bereits, ihn mal zu fragen, als eine hilfsbereite Dame vom Tourist Information Service meinte: "Ich glaube, der junge Mann dort drüben auf der Bank heißt Peter."

Wir sprachen ihn an und unsere Überraschung war groß, denn es handelte sich tatsächlich um Peter Kamper. Peter war derweil nicht weniger überrascht.

"Was? Ihr seid Martin und Eva aus Hamburg? Da wäre ich ja nie drauf gekommen, mit Eurem Hartschalenkoffer und diesen schicken schwarzen Jacken."

Bei den "schicken Jacken" handelte es sich um unsere extra für diese Expedition angeschafften Goretex-All-Weather-Jacken. In Hamburg vor dem Spiegel hatten wir uns in diesen Klamotten noch für unverkennbare Abenteurer gehalten...

Daß sich das abenteuerliche Outfit durchaus noch steigern ließ, wurde uns klar, als zwei ca. 30jährige Typen aus der Zollkontrolle kamen. Peter erkannte sie sofort: "Ah, daß müssen meine anderen beiden Gäste aus Hamburg sein!"

Die beiden schleppten zwei große rote Kajaks in die Flughafenhalle. Wortlos setzten sie die Boote neben uns ab. Es folgte eine Reihe schwerer Expeditionskisten aus Aluminium. Die abgewetzten "Outdoor-Klamotten" der beiden (Kapuzenpulli und Jeans) hatten sichtlich schon einige Abenteuer erlebt. Schließlich stellten sie sich zu uns, und der eine von beiden nahm seine Kippe aus dem Mundwinkel.

"Hi, ich bin Henning!"

Wir stellten uns ebenfalls vor. Dann fragten wir den anderen nach seinem Namen.

"Nennt mich einfach Kümmel!"

"Und wie heißt du richtig?", wollten wir wissen.

"Das spielt keine Rolle!"

Die beiden berichteten frustriert, daß fast ihre gesamte Verpflegung (Schinken, Wurst, Suppen) vom Zoll beschlagnahmt worden war. Zu allem Überfluß war Kümmels Reisetasche mit seiner gesamten Wäsche nicht mit in die Maschine

verladen worden. Mittlerweile war auch Volker, ein weiterer Gast von Peter, eingetroffen.

Wir luden das Gepäck einschließlich der beiden Kajaks auf Peters leicht ram-
ponierten, riesigen Ford-Pick-up-Truck und stiegen ins Fahrerhäuschen.

"So, ich glaube, wir brauchen jetzt erst mal ein Bier!", meinte Peter gutge-
launt.

Einstimmig wurde der Vorschlag angenommen. Kurze Zeit später steuerten
wir eine am Stadtrand von Fairbanks gelegene Bar mit angeschlossener Tankstelle
an - eine in Alaska übliche Kombination. Wir tranken zwei oder drei Pitcher
(große Glaskrüge zum Selbernachschenken) Bier und schon bald waren wir bei
dem Thema, das uns allen unter den Nägeln brannte: dem Überleben in der Wildnis. Peter gab uns erste Ratschläge, was zum Beispiel im Falle eines Bärenangriffs
oder bei Verlust des Kanus zu tun sei.

Bald stellte sich heraus, daß Henning und Kümmel seit 15 Jahren erfahrene
Kajaker waren und sogar schon einmal eine Flußtour in Alaska auf dem Big Sal-
mon unternommen hatten. Auch Volker hatte bereits vor zwei Jahren zusammen
mit einem Freund den Oberlauf des Yukon befahren. Eigentlich wollten die beiden
in diesem Jahr den Birch Creek zusammen befahren, aber der Freund war aus
gesundheitlichen Gründen kurzfristig ausgestiegen. Somit mußte die Tour für
Volker leider ausfallen, und er plante statt dessen eine Rundreise mit einem Mietwagen. Als es ans Bezahlen ging, lud Volker uns alle ein. Wie wir erst jetzt von
ihm erfuhren, hatte er an diesem Tag Geburtstag.

Peters Grundstück lag etwa 10 km außerhalb von Fairbanks im Wald. Er hatte
sich dort in den letzten Jahren ein Haus für seine Familie und mehrere Hütten für
seine Gäste gebaut. In der Einfahrt wurden wir freudig von Baghira empfangen,
einem 45 kg schweren Tier, das mehr Ähnlichkeit mit einem Schwarzbären als mit
einem Hund aufwies. Seine Größe und sein dichtes Fell erinnerten an einen Neu-
fundländer, nur seine hellblauen Augen schienen eher von einem Husky abzu-
stammen. Trotz seiner imposanten Erscheinung erwies er sich als sehr schmuse-
bedürftig und gutmütig.

Peter führte uns zu unserer Cabin, die luxuriöser war als wir erwartet hatten:
im Erdgeschoß befand sich ein Wohnraum mit einer Küchenzeile und im darüber
gelegenen Stock war das Schlafzimmer mit einem großen Panoramafenster zum
Wald. Unser Trinkwasser bezogen wir aus einem 20-Liter-Kanister, den Peter uns
in der Küche bereit gestellt hatte. Etwa 5 m von unserer Cabin entfernt stand
unser Donnerbalken und weil das Häuschen keine Tür hatte, konnte man auch
von hier aus den Blick in die freie Natur genießen.

Wir stellten unser Gepäck ab und gingen über einen kleinen Waldweg zum 50 m entfernt gelegenen Haupthaus. Uns fiel auf, daß der moosbedeckte Boden unter unseren Füssen sehr stark federte. Wie Peter uns später erklärte, war dies eine Erscheinung des Permafrostes, die man überall in den Wäldern Zentralalaskas antrifft. Der Tundraboden ist ganzjährig gefroren und nur eine relativ dünne Schicht an der Oberfläche taut in den Sommermonaten auf. Diese bleibt jedoch relativ feucht, da das Wasser nicht in die gefrorenen tieferen Schichten sickern kann. Somit schwimmt die obere Bodenschicht regelrecht auf einer knapp darunter liegenden ewigen Eisschicht.

Auf der Veranda des Haupthauses waren bereits Henning, Kümmel und Volker mit einer Dose Bier in der Hand um den Tisch versammelt. Nachdem auch wir uns gesetzt hatten, servierten Peter und seine Freundin Kelly ein leckeres Abendessen. Dabei lernten wir auch Peters Kinder kennen. Seine elfjährige Tochter hieß Zena und sprach recht gut Deutsch.

Sein Sohn Lukas, ein vierjähriger Blondschopf, genannt "Lucky", hatte ein besonderes Faible für Entomologie und eine entsprechend umfangreiche Insektensammlung. Seine größte Freude bestand darin, den Gästen die widerlichsten lebenden Insekten zu zeigen und sie auf interessante Details wie zum Beispiel lange Fühler oder haarige Beine hinzuweisen. Gleichzeitig machten wir die erste unliebsame Bekanntschaft mit den berüchtigten Moskitos der nordischen Wälder. Kelly hatte zwar Moskito-Räucherstäbchen aufgestellt, doch davon allein ließen sich die Tiere nicht abschrecken. Während Peter die Moskitos kaum wahrzunehmen schien, fühlten wir uns schon bald durch die Stiche belästigt und griffen zu einer der überall herumstehenden Spraydosen mit Mückenschutzmittel. Zu diesem Zeitpunkt ahnten wir noch nicht, was uns diesbezüglich später im Busch erwarten sollte.

Beim Abendessen erklärte uns Peter, daß er sein zweigeschossiges Holzhaus und die Cabins eigenhändig erbaut hatte. Die erforderlichen Kenntnisse hatte er sich als Aushilfskraft bei Zimmerleuten angeeignet. Die Baustoffe waren größtenteils nicht benötigte oder geschenkte Materialien von Baustellen, auf denen Peter mitgearbeitet hatte. Das Grundstück lag in einer Art Siedlungsgelände mit Nachbarhäusern in einiger Entfernung, die aber durch den Urwald hindurch nicht zu sehen waren.

Peters Grundstück wurde durch eine Oberleitung mit Strom versorgt. Das Waschwasser kam mit Hilfe einer elektrischen Pumpe aus einem nahegelegen Bach und war eiskalt. Trinkwasser holte Peter regelmäßig in großen Kanistern aus der 10 km entfernten Fox-Quelle. Abwässer wurden in Sickergruben geleitet. Im langen Winter, wenn sich in Zentralalaska regelmäßig Temperaturen von -40°C einstellen, sorgte ein großer gußeiserner Ofen im Wohnzimmer für gemütliche Wärme. Zur weiteren Komfortsteigerung plante Peter, im nächsten Jahr auch eine elektrische Warmwasserversorgung zu installieren.

Wir saßen noch eine Weile satt und zufrieden auf Peters Veranda. Obwohl es immer noch sehr hell war, wurde es zunehmend kühler.

"Es wird langsam Zeit für ein schönes Lagerfeuer", meinte Peter und führte uns zu einer eigens für diese Zwecke eingerichteten Feuerstelle. In einem von Fichten umstellten Kreis von etwa 5 m Durchmesser hatte Peter einige große, halbierte Baumstämme als Holzbänke und sogar einen einzelnen Ohrensessel aufgestellt.

"Hat jemand Lust, ein bißchen Holz zu schneiden?", fragte Peter und reichte eine Kettensäge in die Runde. Beherzt griff ich zu und ließ mich zu einem Haufen von Ästen und Stämmen führen, aus dem ich unter seiner Anleitung einige Stücke herausschnitt. Einige größere Stammabschnitte mußten noch mit einer Spaltaxt zerlegt werden. Auch darin durften sich die Gäste ausprobieren. Beim Anzünden des Feuers erklärte uns Peter, wie wir auch im Falle eines Regens auf unserer Tour trockenes Brennmaterial finden könnten. Es handelte sich um eine Art Gestrüpp, das im unteren Stammbereich von Fichten anzutreffen war. Sicherheitshalber sollten wir davon auch etwas in wasserfesten Plastiktüten auf unsere Tour mitnehmen.

Bald knisterte ein großes, nach Tannenholz duftendes, herrlich warmes Lagerfeuer. Dabei erzählte Peter einige haarsträubende Geschichten von bestandenen Abenteuern in der Wildnis. So hatten wir uns Alaska vorgestellt! Gespannt lauschten wir seinen Erzählungen und tranken einige weitere Biere.

Vor unserem geistigen Auge nahm unsere bevorstehende Expedition langsam Gestalt an. Unter der euphorisierenden Wirkung des Alkohols fühlten wir uns zunehmend wie richtige Abenteurer. Mit wachsender Freude und Zuversicht sahen wir den Herausforderungen entgegen, die uns noch vor wenigen Tagen als schwer zu bewältigen erschienen waren.

Plötzlich tauchte an unserem Lagerfeuer ein Indianer auf. In der rechten Hand hielt er eine Dose Bier, die er in ein Coolpack gesteckt hatte.

"Dale", rief Peter hocherfreut, "Wie geht es dir?"

"Mir geht's gut, und dir?"

"Hervorragend, du bist also wieder zurück!"

"Ja, ich dachte, ich schau mal bei dir vorbei. Sollen wir eine kleine Tour machen?", fragte Dale.

"Gute Idee, wohin denn?"

"Laß uns doch auf den Berg fahren", schlug Dale vor.

"Dann sollten wir aber gleich los, sonst wird es zu spät."

Nach dieser vergleichsweise kurzen Unterhaltung wandte sich Peter an uns und fragte, ob wir Lust hätten, mitzukommen. Wir wußten nicht recht, was uns erwarten würde, willigten aber sofort ein. Mit Peters Truck fuhren wir auf einen nahegelegenen Hügel. Baghira begleitete uns auf der Ladefläche. Auf der Fahrt wurde nicht viel gesprochen. Oben angekommen, bekamen wir zum ersten Mal einen Eindruck von der Weite und Undurchdringlichkeit der umliegenden Wildnis. So weit unser Auge reichte, sahen wir sanfte Hügelketten, die dicht mit Fichten und Buschwerk bewachsen waren. Schweigend ließen wir dieses Panorama eine Weile auf uns wirken. Dann machten wir uns auf den Weg zurück zu Peters Feuerstelle, wo sich Dale alsbald verabschiedete.

"Ja, ja, das war mein alter Freund Dale", sinnierte Peter, "Ich habe ihn seit drei Jahren nicht mehr gesehen. Er ist gerade aus San Francisco zurückgekommen." Auf unseren fragenden Blick hin fügte er hinzu: "Ja, hier in Alaska kommt es schon mal vor, daß man sich ein paar Jahre lang nicht sieht."

Verwundert dachten wir noch einige Zeit über dieses Zusammentreffen nach. Lag es vielleicht an der alles beherrschenden Natur, daß in diesem Land offenbar keine unnötigen Worte verloren wurden?

Nach einem letzten Bier überfiel uns eine bleierne Müdigkeit. Peter hatte uns vorher angekündigt, daß er versuchen würde, uns so lange wie möglich wach zu halten, um uns an den 10stündigen Zeitunterschied möglichst schnell anpassen zu lassen.

Gegen Mitternacht war es noch immer hell. Obwohl wir vorher über das Phänomen der hellen Sommernächte in Alaska gelesen hatten, war das Erlebnis von Nächten, in denen es nie dunkel wurde, doch eigenartig. Schließlich gaben wir unserer Müdigkeit nach und sanken in einen tiefen Schlaf.

LETZTE VORBEREITUNGEN FÜR DIE WILDNIS

Um 9 Uhr wurde uns von Peter und Kelly auf der Veranda ein reichhaltiges Frühstück serviert. Anschließend fuhr uns Peter zusammen mit Kümmel, Henning und Volker in die Stadt zum größten Outfitter-Laden.

Ich zog unsere sechsseitige, am Computer erstellte Packliste hervor, die ich in den Monaten zuvor penibel zusammengestellt hatte. Die meisten Posten waren schon abgehakt, und ich wollte noch einmal überfliegen, was uns an Ausrüstung und Lebensmitteln noch fehlte. Henning, der neben mir saß, guckte neugierig.

"Was soll das denn sein? Erzähl mir jetzt nicht, daß das eure Packliste ist!", sagte er mit dem amüsierten Grinsen eines erfahrenen Abenteurers.

"Genau, das ist unsere Packliste", antwortete ich.

"Zeig' mal her", sagte er und blätterte sie ungläubig durch. Halblaut las er belustigt die Posten vor, die ihn am meisten irritierten. "Kümmel, hör dir das an: 6 Rollen Toilettenpapier. Wir haben nur eine!", sagte er stolz, als sei dies eine besondere Leistung. Er las weiter: "Ihr schleppt ja 'ne ganze Apotheke mit! Was bedeutet denn Diazepam für Eva?"

"Falls nachts ein Bär vorm Zelt steht und ich nicht schlafen kann", antwortete Eva gelassen.

"Hilft das denn?", fragte Henning.

"Weiß ich nicht. Ich hab's noch nicht ausprobiert. Nein, im Ernst, es ist vor allen Dingen für Notfallsituationen gedacht - falls einer von uns schwer verletzt sein sollte", erklärte sie fachmännisch. Zugegebenermaßen hatte Evas Beruf als Ärztin dazu geführt, daß wir uns medizinisch für alle Eventualitäten gerüstet hatten. So hatten wir unter anderem Antibiotika, Antihistaminika, Cortisonpräparate, diverse Schmerz- und Beruhigungsmittel, Verbandsmaterialen, Spritzen, Kanülen und Skalpellklingen dabei.

"Und was wollt ihr mit Vanillezucker und drei Kilo Mehl?", fragte er ungläubig.

"Na, was wohl? Brot und Pfannkuchen backen!"

Sein Grinsen wurde immer breiter. "Kümmel, das glaubst du jetzt aber wirklich nicht: 10-Liter-Wassersack mit Duschaufsatz'", las er genüßlich vor.

"Was ist daran so lustig? Wie macht ihr das denn mit dem Duschen?", fragte Eva.

Die beiden tauschten verständnislose Blicke aus.

"Erstens wissen wir noch gar nicht, ob wir uns überhaupt so viel waschen werden. Wir wollen uns möglichst schnell eine gesunde Patina aufbauen, um uns die Scheißmoskitos vom Leib zu halten. Und zweitens kannst du doch einfach in den Fluß springen, wenn du dich waschen willst."

Etwas verschämt beschlossen wir, unsere Überlegung beim Kauf des Duschsackes für uns zu behalten. Wir hatten nämlich vor, das Wasser in dem schwarzen Beutel vor dem Bad durch die Sonne zu erwärmen.

"Na ja, so ganz unvorbereitet sind wir beide ja auch nicht", gab Henning schließlich zu. "Wir haben auch 'ne Packliste, die ist aber wesentlich kürzer. Und dann haben wir uns noch eigene Flußkarten angefertigt." Mit einem gewissen Stolz zeigte uns Henning eine mehrseitige, gebundene Broschüre, die nun wiederum uns in Erstaunen versetzte. Er hatte irgendwo ein noch detaillierteres Kartenwerk als das von Peter aufgetrieben, am Computer den ganzen Fluß in kleinen Etappen eingescannt und dann mit einem Laserdrucker farbig ausgedruckt.

Peter warf vom Fahrersitz aus einen interessierten Blick darauf. "Donnerwetter, nicht schlecht. Da ist ja wohl jede Kieselbank drauf. Ich würde allerdings mit so einem kleinen Maßstab nicht gut klarkommen. Ist einfach zu unübersichtlich."

Wortlos steckte sich Henning eine Kippe an.

Mittlerweile waren wir in Downtown Fairbanks angekommen. Das Stadtzentrum strahlte kein besonderes Flair aus. An den rechtwinklig angeordneten Straßen standen verstreut verschiedene Gebäude, die zum Teil etwas heruntergekommen wirkten. Das Sortiment des Ausrüstungsladens, den wir angesteuert hatten, war zu unserer Überraschung wesentlich kleiner als in den Outdoor-Geschäften bei uns in Hamburg. Die angebotenen Kleidungsstücke waren vorwiegend von "Columbia" und "Carhartt". Letzteres überraschte uns, da diese Marke aus unerfindlichen Gründen bei uns im szenigen Hamburger Schanzenviertel zur Zeit "mega" angesagt war. Hier schienen die Sachen aber echten Gebrauchszwecken zu dienen. Ansonsten gab es jede Menge Angelzubehör. Wir allerdings benötigten vor allem noch ein Zelt, doch auf diesem Sektor war die Auswahl dürftig.

Als erstes packten wir zwei große Bärenglocken in unser Einkaufskörbchen. Das konnte nicht falsch sein, zumal auch unsere beiden wildniserfahrenen Kajaker bei diesem Posten zuschlugen. Wir beabsichtigten, die Glocken permanent an der Hose zu tragen, um Bären über unsere Anwesenheit zu informieren. Erst später erfuhren wir von einer Rangerin im Katmai-Nationalpark, daß diese Glocken nicht unumstritten sind und von manchen Leuten auch verächtlich "dinner-bells" genannt werden, da sie Bären, die mit menschlichen Gewohnheiten vertraut sind, anzeigen, wo reichlich Futter zu finden ist.

Weiterhin kauften wir Moskitobrennkerzen zum Vertreiben der Plagegeister sowie zwei Fläschchen "Muskol". Dieses kanadische Antimoskitomittel zum Auftragen auf die Haut besteht zu 100% aus DEET, dem weltweit stärksten chemischen Insektenabwehrmittel. Als wir ein paar Moskitohauben in der Hand hielten nickte Peter beiläufig: "Ja, ja, die solltet ihr vielleicht auch mitnehmen." Er hatte uns inzwischen ein kleines Sortiment an Angelhaken zusammengestellt.

Leider waren keine Schlafbrillen für die hellen Nächte und aufblasbare Kopfkissen vorhanden - ein paar letzte Kleinigkeiten, die uns in unserer ansonsten perfekten Ausstattung noch fehlten.

Danach ging es in den Großmarkt, wo wir relativ günstig Nahrungsmittel wie Gemüse, Obst, Schokoriegel, Käse und ähnliches in größeren Mengen kauften.

Als wir einen 2-Kilo-Sack Knoblauch in den Einkaufswagen legten, guckte Peter irritiert: "Also, ich hab' noch nie jemanden gesehen, der mehr Knoblauch mit auf seine Touren nimmt als ich. Was habt ihr denn damit vor?"

Wir erklärten ihm unsere Theorie, durch massiven Knoblauchkonsum lästige Besucher wie Moskitos oder gar Bären von uns fernhalten zu wollen.

Peter schmunzelte: "Na, da bin ich ja mal gespannt. Ich glaube, es gibt keine Gerüche, die für Bären nicht interessant sein können. Aber vielleicht hilft es ja wenigstens gegen die kleinen Blutsauger, soll ja auch gegen Vampire gut sein."

Nach dem Einkauf warfen wir unsere Anschaffungen auf die Ladefläche von Peters Pick-up-Truck und fuhren zu einem Fred Meyr's Supermarkt. Peter parkte den Wagen und setzte sich in Richtung des Ladens in Bewegung.

"Und was machen wir mit all den Sachen auf der Ladefläche? Sollte nicht besser einer von uns beim Wagen bleiben?", fragte ich etwas besorgt.

"Ach was, das ist nicht nötig. Ich schließe mein Auto nie ab und mir ist noch nie was weggekommen." Er erzählte uns, daß es in Alaska allgemein nicht üblich sei, Autos oder sogar Häuser abzuschließen. "Wenn überhaupt, sollten wir die Bierpaletten abdecken, damit sie nicht gleich so ins Auge springen", meinte er.

Wir kauften bei Fred Meyr's weitere Lebensmittel und das einfache Coleman-Zelt "Sundome" für 50 $ sowie eine wasserdichte Marinebox für die Kameraausrüstung. Für unsere Alaska-Angel-Lizenz mußten wir noch einmal 50 $ hinblättern.

Kümmel und Henning verzichteten darauf. Ihr Kommentar: "Das Geld versaufen wir lieber!"

An der Kasse entschieden wir uns, die sehr ansprechend aussehenden vier Bio-Tomaten doch wieder zurückzugeben - sie sollten umgerechnet 10 € kosten. Zusätzlich zum ausgesprochen ungünstigen Dollarkurs von 1,15 € mußten wir die schmerzliche Erfahrung machen, daß insbesondere für Lebensmittel noch ein Alaska-Aufschlag zu entrichten war. Kein Wunder, daß Henning und Kümmel versucht hatten, den Großteil ihres Proviants aus Deutschland einzuführen. Leider gab es in Fairbanks größtem Supermarkt keine Salami, so daß wir für diesen unverzichtbaren Proviant-Posten schließlich noch einen Safeway ansteuerten.

Anschließend fuhren wir zum Flughafen. Kurz zuvor hatte Peter einen Anruf von der Fluggesellschaft bekommen, daß Kümmels fehlende Tasche mit dem letzten Flug aus Whitehorse eingetroffen sei. Bis zu diesem Zeitpunkt schien die Tour von Kümmel und Henning stark gefährdet, da Kümmel sich keinesfalls mit fremden Unterhosen aushelfen lassen wollte. Doch jetzt stand auch für die beiden fest, daß sie am nächsten Tag starten würden. So ging es nach dem Einkauf für beide Teams ans Packen und Probebeladen der Boote.

Das Packen war für uns Ungeübte äußerst stressig. Eva und ich saßen relativ hilflos in Peters Wohnzimmer vor einem Haufen von Leckereien, der mehr Ähnlichkeit mit einer Lieferung für ein Feinschmeckerlokal als mit einer Überlebensration für Survival-Abenteurer hatte. Peter hielt sich weitgehend heraus und fertigte unsere wasserfesten Survival-Kits an, die jeweils ein Feuerzeug, Brennpaste, Angelhaken und Schnur, einen Kompaß, ein Heftpflaster, eine Schmerztablette und ein Fläschchen Muskol enthielten.

"Die solltet ihr immer am Mann tragen!", trug er uns mit ernster Miene auf.

Als es uns nach über einer Stunde immer noch nicht gelungen war, unsere Essensration in der riesigen Coleman-Kühlbox unterzubringen, beruhigte er uns damit, daß er auf seinen eigenen Kanufahrten auch gern viel zum Kochen mitnehme. Er kramte einen Pappkarton hervor: "Da, der ist zwar weder bären- noch kentersicher, sollte für eure Zwecke aber gut genug sein. Ihr könnt ja die Weinflaschen und einige Dosen hinein stellen."

Volker, der die ganze Zeit dabei saß und uns mit einer Mischung aus Wehmut und Amüsiertheit beobachtete, meinte kopfschüttelnd: "Ihr habt sowieso viel zuviel eingekauft. Das kriegt ihr in zwölf Tagen doch nie weg." Hinsichtlich unseres Appetits schien er uns doch zu unterschätzen.

Als wir die Verpflegung endlich verstaut hatten, machten wir uns an das Einräumen der sogenannten "Gearbox". In diese Gerätekiste kamen alle Utensilien, die während der Fahrt schnell griffbereit sein mußten, wie zum Beispiel Flußkarten, Kompaß, Moskitohauben, Bärenabwehrspray, Trinkwasserflaschen, Angelzeug sowie diverse Knabbereien und Süßigkeiten für kleine Zwischenmahlzeiten. Peter überreichte uns außerdem einige Werkzeuge und ein Reparatur-Set für das Kanu.

"Hier, falls euer Boot mal leckschlagen sollte. Ihr werdet ja an Unmengen von Steinen und Felsen vorbeischrammen. Damit könnt ihr euch Harz anrühren und Risse flicken." Er mußte unseren verunsicherten Blick bemerkt haben. "Na, macht euch mal keine Sorgen. Die Boote sind aus Polyethylen und wirklich sehr haltbar."

Mit gemischten Gefühlen packten wir weitere Dinge in die Box. Bei unserer Einliter-Packung biologisch abbaubarer Outdoor-Seife mischte sich Volker wieder ein: "Was habt ihr denn damit vor? Ist vielleicht ein bißchen viel, oder?"

Wir erläuterten ihm, daß wir damit alle anfallenden Waschtätigkeiten, von der Körperpflege, über das Geschirrspülen bis hin zur Wäschereinigung meistern wollten.

"Na, ich weiß ja nicht. Das Zeug ist doch total ergiebig. Davon braucht ihr höchstens 100 ml auf der ganzen Fahrt!"

Wir waren nicht ganz überzeugt. Gemessen an unserem bisherigen Reinlichkeitsstandard erschien uns die Menge jedenfalls nicht überdimensioniert.

Peter mußte grinsen: "Soll ich euch sagen, was das Abgefahrenste war, was jemals eines meiner Teams mitgenommen hat?", fragte er, "einen großen Plastikeimer!"

"Ja und? Was ist daran abgefahren?" Den kann man doch gut zum Wäschewaschen benutzen, dachten wir uns.

"Na ja", setzte Peter gedehnt an. "Die beiden wollten mir erst auch nicht recht sagen, was sie mit dem Eimer vorhatten..."

Gespannt warteten wir auf die Auflösung des Rätsels.

"Zum Kacken!", platzte Peter heraus. "Sie brauchten das verdammte Ding zum Kacken. Sie konnten sich einfach nicht vorstellen, ohne Hilfsmittel in den Kies zu scheißen."

Nachdem wir uns vom Lachen wieder erholt hatten, fanden wir, daß unser Reinlichkeits-Spleen im Vergleich dazu noch harmlos war. Als auch die Gear-Box fertig gepackt war, ging der Rest sehr schnell. Kleidung, Schuhe, Schlafsäcke und Medikamente konnten wir komplett in zwei von Peters wasserdichten, mit Rucksackgurten versehenen Packtaschen unterbringen. Unser Toilettenpapier erhielt übrigens einen kleinen wasserdichten Extrabeutel.

Zum Abendessen zauberte Kelly auf dem Grill unsere acht T-Bone-Steaks, die wir heute beim Einkaufen zum stolzen Stückpreis von umgerechnet 12 € erstanden hatten. Eine gute Investition, wie sich herausstellte - die Steaks waren extrem lecker und zart. Die perfekte Fleischzubereitung hatte Kelly offenbar während ihres zwanzigjährigen Zusammenlebens mit Athabascan-Indianern erlernt. Dazu gab es Maiskolben, Kartoffelsalat und eine Pilz-Zwiebel-Pfanne.

Nach dem üppigen Abendessen schleppten wir uns zu den Booten. Wir hatten noch eine komplette Probebeladung unter Peters Anleitung zu absolvieren. Bei unserem Kanadier handelte es sich um ein rotes Coleman RAM-X Kanu. Peter erklärte uns, daß dieser Bootstyp wegen seiner Luftkammern in den Sitzbänken schwer sinkbar sei. Das Kanu hatte eine Länge von über 5 m und ein stattliches Leergewicht von gut 40 kg.

Peter hatte die Fußräume der Boote mit zwei genau passenden, stabilen Sperrholzplatten versehen, die einen kleinen Hohlraum über dem Kiel bildeten. Darunter konnte sich Spritzwasser sammeln, so daß die Füße trocken blieben. Sie waren herausnehmbar und somit auch gut als Camp-Tische zu gebrauchen. Zur weiteren Komfortsteigerung wurden über die Bretter zwei dicke, fellartiger Teppiche gelegt. Sie dienten zudem als Sand- und Schmutzfänger beim Ein- und Aussteigen.

Im Laufe der Jahre hatte Peter eine spezielle Beladungstechnik entwickelt. Sie bestand darin, daß zunächst eine doppelt gelegte, große blaue Plastikplane über dem Boot ausgebreitet wurde. Auf diese Plane stellte man dann im Bereich der Bootsmitte die Lebensmittelbox, einen der zwei großen Packsäcke, den Zeltsack, Schuhe und weitere, kleinere Packsäcke. Anschließend wurde die Plane sorgfältig über die Ladung geschlagen und mit zahlreichen Gummizügen kreuzweise an den Bootswänden verspannt. Die Methode erschien uns ziemlich kompliziert, aber absolut sicher im Falle eines Kenterns. Außerdem wirkten die Lebensmittel so einigermaßen geschützt vor Bären. Wir hatten ja ursprünglich die Vorstellung gehabt, unseren Proviant an einem Seil allabendlich in einen Baum zu hängen. Dies schied allerdings aus zwei Gründen aus: Erstens war die Box viel zu schwer, und zweitens hatte uns Peter darüber aufgeklärt, daß wir auf den Kieselbänken oft gar keine geeigneten Bäume finden würden.

Die Gearbox kam nicht unter die Plane, sondern wurde nur mit den Gummizügen verspannt, damit man sie bei der Fahrt jederzeit öffnen konnte. Unser zweiter großer Packsack mit unserer Kleidung und den Medikamenten wurde im Heck befestigt und diente dem Steuermann als Rückenlehne.

Nachdem wir alles einmal vollständig ein- und wieder ausgeladen hatten, wartete schon das wärmende Lagerfeuer mit kühlem Bier. Es dauerte nicht lange, bis neue Abenteuergeschichten die Runde machten.

"Wißt ihr denn eigentlich, wie ihr euch verhalten müßt, wenn ihr einem Bären begegnet?", fragte Peter.

Jeder von uns hatte verschiedene Weisheiten zu dem Thema beizusteuern. Wir waren uns einig, daß man vor einem Bären auf keinen Fall weglaufen sollte, um nicht seinen Jagdtrieb auszulösen. Dagegen wurde die Frage, ob es sich empfiehlt auf einen Baum zu klettern, kontrovers diskutiert.

"Mit den Bäumen ist das so eine Sache", erklärte uns Peter. "Erstmal müßt ihr überhaupt einen finden, auf den ihr draufklettern könnt. Viel Zeit dafür habt ihr nicht, denn Bären können doppelt so schnell laufen wie Menschen. Aber mal angenommen, es würde euch wirklich gelingen, rechtzeitig auf einen Baum zu klettern - ihr wäret trotzdem nicht unbedingt in Sicherheit. Vor allem Schwarzbären sind hervorragende Kletterer!"

"Und was ist mit Grizzlies?", fragte Kümmel.

"Ja, stimmt, Grizzlies können nicht so gut auf Bäume klettern, weil sie wesentlich zu schwer sind. Aber da fällt mir eine Geschichte ein. Ich kannte mal einen Tierfotografen, der von einem Grizzly überrascht wurde. Der Mann schaffte es tatsächlich, sich auf einen nahestehenden Baum zu flüchten. Das schien den Bären aber erst richtig aggressiv zu machen. Er rüttelte wie wahnsinnig am Stamm und machte Anstalten, hinaufzuklettern. Als der gute Mann nach oben sah, um höher zu klettern, wußte er, was los war: Über ihm saßen zwei Bärenkinder und schauten völlig verschreckt zu ihrer Mutter hinab! Es blieb ihm also nichts anderes übrig, als die beiden zu packen und irgendwie vom Baum zu werfen. Allerdings haben selbst kleine Grizzlies schon eine große Kraft und können einem ernste Verletzungen zufügen. Er konnte wirklich von Glück reden, daß er am Ende mit einigen Blessuren davon gekommen ist."

"Bären sollen ja auch sehr intelligente Tiere sein", sagte Eva.

"Das kann man wohl sagen", bestätigte Peter. "Es ist zum Beispiel äußerst gefährlich, einen Bären anzuschießen. Man hat schon häufiger gehört, daß angeschossene Tiere sich regelrecht rächen. Sie gehen dann im Kreis und legen sich an ihrer eigenen Fährte auf die Lauer bis der Jäger kommt, der ihrer Fährte folgt."

Dann gab er eine weitere Bärengeschichte zum besten: "Ein Freund von mir war mal auf der Kenai-Halbinsel zum Jagen. In seiner Abwesenheit wurde seine Hütte von einem Grizzly aufgebrochen und total verwüstet. Dabei hatte der Bär sogar verschlossene Konservendosen aufgebissen. Irgend jemand gab meinem Freund den zugegebenermaßen gemeinen Tip, eine Spraydose voll Autolack mit Speckstreifen zu umwickeln und dem Bär im Falle einer Rückkehr vor die Tür zu werfen. Der Bär kam ein paar Tage später, als mein Freund in der Hütte war, tatsächlich zurück. Dieser warf ihm die präparierte Dose schnell nach draußen. Der Bär biß hinein, die Dose platzte und mit einem Riesenschreck rannte das Tier heulend davon. 'Dem habe ich's aber gegeben', dachte sich mein Freund in dem Glauben, den Burschen ein für allemal los zu sein. Kurze Zeit später kam ihm mit einem gigantischen Krachen die halbe Hauswand mitsamt Grizzly entgegen. Mein Freund konnte sich noch irgendwie in Sicherheit bringen. Seine Jagdsaison war damit aber für ihn erledigt."

Nach diesen Berichten hofften wir, auf direkten Bärenkontakt während unserer Tour verzichten zu können. Ich dachte mir, daß es vielleicht noch ganz spannend wäre, einmal vom fahrenden Boot aus in sicherer Entfernung einen Bären am Ufer zu sehen - sofern dieser bei unserem Anblick von selbst das Weite suchen würde. Für den Fall, daß tatsächlich ein Bär unser Camp besuchen sollte, beschloß ich, ihm notfalls alle gewünschte Nahrung zu überlassen - abgesehen von Eva natürlich. Im Falle eines direkten Angriffes konnten wir wohl nur noch auf das Bärengas (ein Pfefferspray) vertrauen, mit dem uns Peter ausrüsten würde.

"Ja, eins sollte man aber nicht vergessen", meinte Peter. "Elche können fast noch gefährlicher sein als Bären. Mir ist mal etwas passiert, was ich euch eigentlich erst nach eurer Rückkehr erzählen wollte, damit ihr nicht unnötig Angst habt. Aber wer weiß, vielleicht hilft es euch auch. Ich bin mal allein auf dem Birch kanut. Plötzlich kommt 50 m vor mir ein riesiger Elch aus dem Wald gestürzt, stellt sich mitten in den Fluß und starrt mich an. Ich weiche weiter nach links aus um ihn zu umfahren. Doch was macht dieser Bursche? Er geht ebenfalls nach links! Ich also paddele wieder nach rechts - prompt geht auch er nach rechts. Es war jetzt klar, daß er mir übel gesonnen war und mich nicht durchlassen wollte. Inzwischen war ich nur noch ein paar Meter vor ihm. In einer plötzlichen Eingebung fing ich laut an zu singen. Ich schmetterte aus vollem Halse 'We all live in a yellow submarine'. Und ihr werdet es nicht glauben, aber der Kerl nahm panisch Reißaus! Mein Singen muß ihn so überrascht haben, daß er einen Riesenschreck bekommen hat!"

Als wir gegen Mitternacht noch einmal auf ein Döschen Bier bei Kümmel und Henning vorbeischauten, waren sie mit dem Beladen ihrer Kajaks noch lange nicht fertig. Ein großer Teil ihrer Ladung fehlte noch, aber die Boote waren schon jetzt unglaublich schwer und schienen nur noch als U-Boote tauglich. Offenbar hatten wir die beiden durch unseren Schlemmereinkauf dazu animiert, etwas mehr mitzunehmen, als dem Kajaksport zuträglich schien.

AUFBRUCH INS UNGEWISSE

Um 8 Uhr standen wir auf und verabschiedeten uns von den bequemen Matratzen. Anschließend wollten wir uns eine letzte Dusche nicht nehmen lassen, auch wenn diese eiskalt in Peters Waldduschkabine vonstatten ging. Es folgte wieder ein ausgiebiges Frühstück mit Peters selbstgefangenem und -geräuchertem Lachs.

Danach besprach Peter mit uns eine knappe Stunde lang die fünf Karten des Birch Creek. Die Karten stammten von der US-amerikanischen Geologischen Vermessungsbehörde und hatten den recht kleinen Maßstab von 1:63.000, was bedeutete, daß 1,5 cm auf der Karte etwa einem Kilometer in der Realität entsprachen.

Wir übertrugen aus Peters eigenem Karten-Set markante Punkte, an denen eine Orientierung leichtfallen sollte (sogenannte "map-checks"), und Stellen für gute Campgrounds.

"Und was ist mit diesen Cabins, die an manchen Stellen eingezeichnet sind?", wollte ich wissen.

"Die Frage nach den Cabins kommt immer wieder auf. Manche davon existieren noch, andere nicht mehr. Als ich vor 18 Jahren nach Alaska kam, befuhr ich mit einem Freund den Porcupine River. Eines Tages fing der Wind an zu blasen, und danach begann es, in Strömen zu regnen. Ungefähr 40 km flußabwärts war eine Hütte eingezeichnet, und wir fuhren bis spät in die Nacht und wurden völlig durchgeweicht. Wir wollten unbedingt die Hütte erreichen. Uns schwebte ein warmer Ofen in einer alten Trapperhütte vor...

Als wir ankamen, fanden wir nur noch ein paar moosbewachsene Balken. Natürlich haben wir ganz schön feucht-dumm aus der Wäsche geguckt, da die Stelle noch nicht einmal ein guter Campplatz war und von einer Million Moskitos bewacht wurde. Als ich dann die Karte etwas mißtrauisch betrachtete, fand ich plötzlich das Kleingedruckte: '1958, minor revisions (geringe Überarbeitung) 1964'. Die Karten waren damals also schon 20 Jahre alt! Genauso ist es mit euren Karten, obwohl ich euch versichern kann, daß es keine neueren Karten gibt. Die meisten der markierten Cabins sind verfallen oder existieren nicht mehr - oder beides. Neue Hütten dürfen in der Gegend nicht mehr gebaut werden, da der Birch Creek schon vor langer Zeit zum National Wild and Scenic River erklärt wurde, und damit auch das Goldwaschen im großen Stil in der Gegend verboten wurde.

Also, ich habe am Birch noch nie eine Hütte gesehen. Falls ihr eine finden solltet, laßt sie in Ruhe. Sie werden nur im Winter von Fallenstellern benutzt und sind wahrscheinlich wegen der Bären zugenagelt. Falls ihr eine Notunterkunft braucht, könnt ihr sie natürlich aufmachen und benutzen. In diesem Falle gilt: Möglichst mehr Futter und gehacktes Holz zurücklassen als man vorfand, Cabin sauber machen und wieder gut verschließen!"

Wirklich überrascht waren wir, als Peter uns eröffnete, daß der Fluß mehrere gefährliche Stromschnellen der Wildwasserklasse 3 aufweise. Besonders warnte er uns vor zwei Stellen, die er "Twin Rapids" und "Nirvana Falls" getauft hatte (auch als "Shotgun Falls" bekannt). Er versicherte uns aber, daß wir diese Passagen aufgrund ihres felsigen Ufers schon von weitem erkennen würden. Wir müßten nur rechtzeitig anlanden und dann das Boot treideln.

Ich warf Eva einen kurzen Seitenblick zu. Peter meinte anscheinend, daß wir das Boot vom Ufer aus mit Hilfe der Bug- und Heckseile durch die Gefahrenstellen manövrieren sollten. Wir ließen uns nichts anmerken und nickten fachmännisch, obwohl uns bei dem Wort "treideln" das Herz in die Hose rutschte - schließlich hatten wir diese Technik auf dem Isekanal nicht üben können. Zum Glück gab es auch dazu ein Kapitel in unserem Kanuwandern-OutdoorHandbuch.

Es erschien uns nun aber doch wichtig, genau zu klären, wie wir uns im Falle eines Komplettverlustes des Kanus verhalten sollten. Peter sah uns ernst an.

"Also, es könnte durchaus passieren, daß ihr mal kentert. Zum Beispiel an irgendeinem Felsblock, oder an einem der Sweeper, mit denen ihr vor allem im Oberlauf rechnen müßt. Aus dem Grund habt ihr eure Sachen ja auch wasserdicht verpackt."

Aus unserem Kanuwandern-Ratgeber wußte ich bereits, daß Sweeper umgestürzte Bäume sind, die quer im Flußbett liegen. Ich konnte mir somit eine peinliche Nachfrage ersparen, während Peter weiter erklärte:

"Im Falle eines Kenterns müßt ihr unbedingt versuchen, das Boot nicht zu verlieren. Bei meinen Teams ist ein völliger Verlust des Bootes noch nie vorgekommen. Ausschließen kann man es natürlich nicht, vor allem bei starkem Hochwasser. Für diesen unwahrscheinlichen Fall habt ihr dann noch Eure Survival-Kits."

"Sollten wir dann versuchen, zur Straße zu wandern?," fragte ich mit Blick auf die Karte.

"Das Herauswandern sollte man sich gut überlegen. Sicher, ihr seid im Prinzip nie weiter als 40 oder 50 km vom Steese Highway entfernt, und in Filmen sieht man ja immer Leute gemütlich durch den Busch wandern. In Wirklichkeit ist der Busch aber sehr undurchdringlich. Ehrlich gesagt, ich rate euch davon ab, den Fluß zu verlassen. Im Wald kann man höchstens 5 km am Tag zurücklegen, falls man nicht gerade einen baum- oder strauchlosen Bergrücken findet. Die sind dann aber auch nicht einfach eine Autobahn zurück zur Zivilisation. Es gibt zu viele Risiken, beispielsweise Orientierungsverlust, Zusammenstöße mit Tieren, Trinkwassermangel und nicht zuletzt die Moskitos. Es ist besser, am Fluß auf ein anderes Team zu warten, das vielleicht innerhalb von fünf bis zehn Tagen dort vorbeikommt, oder Notsignale an ein eventuell vorüberfliegendes Buschflugzeug zu geben."

Ich ging kurz im Geist noch einmal die internationalen Bodensignale zur Verständigung von Flugzeugen durch. Es sollen ja schon Menschen in der Wildnis zu Tode gekommen sein, weil sie beim Anblick eines langersehnten Flugzeuges vor Freude einen Arm mit geballter Faust in die Luft gereckt haben - die sogenannte "Becker-Faust". Unglücklicherweise bedeutet der einzeln erhobene Arm, daß alles in Ordnung ist und keine Hilfe benötigt wird. Richtig dagegen ist im Notfall das Winken mit beiden Armen ...

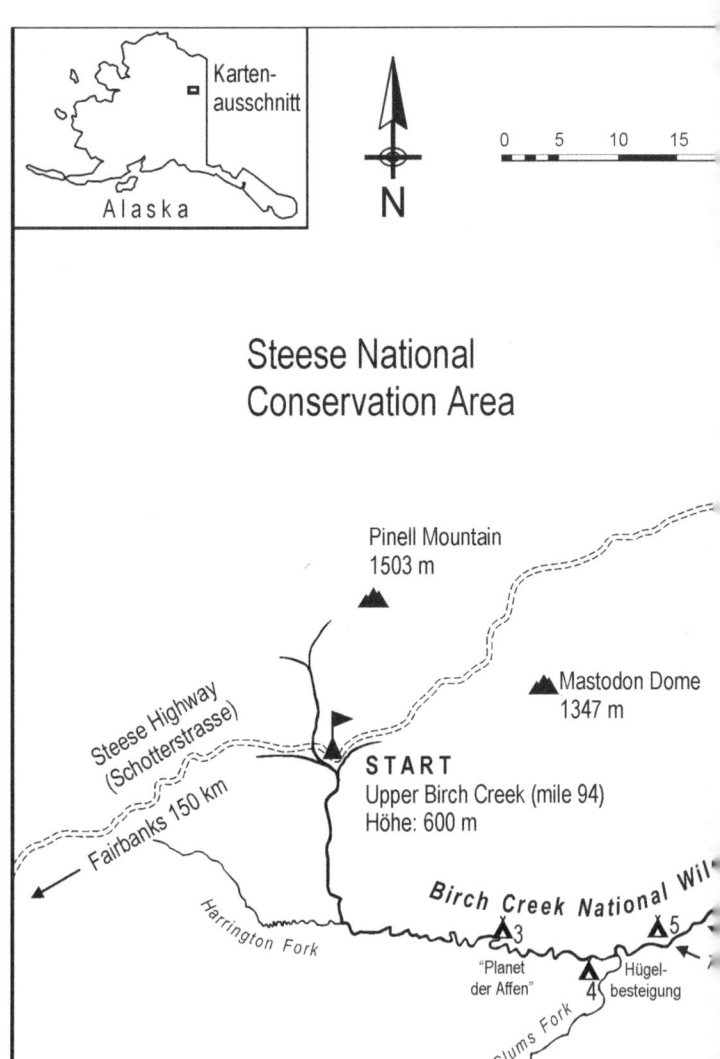

Kartenausschnitt

Alaska

N

0   5   10   15

Steese National
Conservation Area

Pinell Mountain
1503 m

Mastodon Dome
1347 m

Steese Highway
(Schotterstrasse)

Fairbanks 150 km

START
Upper Birch Creek (mile 94)
Höhe: 600 m

Birch Creek National Wil

Harrington Fork

3
"Planet
der Affen"

5

4   Hügel-
besteigung

Clums Fork

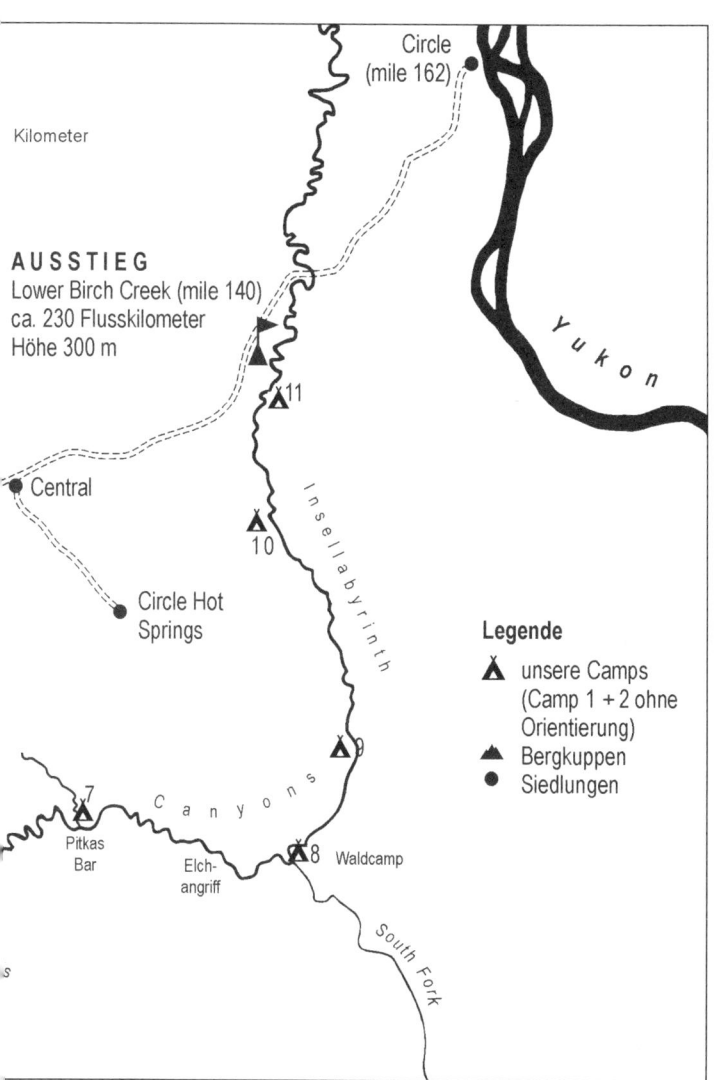

Circle
(mile 162)

Kilometer

Y u k o n

AUSSTIEG
Lower Birch Creek (mile 140)
ca. 230 Flusskilometer
Höhe 300 m

11

Central

I n s e l l a b y r i n t h

10

Circle Hot
Springs

Legende

🛖 unsere Camps
(Camp 1 + 2 ohne
Orientierung)
▲ Bergkuppen
● Siedlungen

9

C a n y o n s

7

Pitkas
Bar

Elch-
angriff

8   Waldcamp

South Fork

s

"So, und das hier ist euer Ausstiegspunkt", sagte Peter und riß mich aus meinen Gedanken. Er zeichnete an einer der unzähligen Flußmäander ein großes Kreuz auf unsere Karte. "Hier sammle ich euch in zwölf Tagen um 14 Uhr wieder ein. Die Straße verläuft hier ganz in der Nähe des Flusses, und es gibt dort seit einiger Zeit sogar einen kleinen Parkplatz. Leider könnt ihr den vom Wasser aus nicht sehen. Ihr würdet aber merken, daß ihr zu weit gefahren seid, wenn ihr in diese charakteristische 180°-Kurve Richtung Süden einbiegt. Vielleicht könnt ihr die Stelle auch an einem roten Band erkennen, das im vergangenen Jahr jemand sicherheitshalber an einem Baum am Ufer befestigt hat. Ich weiß jedoch nicht, ob es den Winter überstanden hat - in diesem Jahr habe ich ja noch kein Team am Birch abgeholt."

"Und wenn wir die Stelle verpassen?", fragte ich etwas besorgt.

"Nach einer knappen Tagesfahrt würdet ihr an eine Brücke kommen, wo der Steese Highway den Birch Creek überquert. Die Stelle könnt ihr nicht übersehen. Dort würde ich am nächsten Tag nach euch Ausschau halten."

"Und was ist, wenn du uns dort auch nicht vorfindest?", fragte Eva.

"Hmm, das wollen wir mal nicht hoffen. Jedenfalls wäre ich in diesem Falle gesetzlich verpflichtet, zunächst weitere 48 Stunden zu warten. Dann würde ich eine Suchaktion per Flugzeug durch die Alaska State Trooper (Staatspolizist) einleiten."

Anschließend hatten Henning und Kümmel ihre Kartenbesprechung für den Beaver Creek, der sich interessanterweise als deutlich ruhigere Alternative zu unserem Birch Creek herausstellte.

Als alles besprochen war, luden wir die drei Boote sowie die gesamte Ausrüstung beider Teams auf Peters Pick-up: zuerst die Kisten und Taschen, dann Hennings und Kümmels vollgepackte Kajaks und zum Schluß unseren leeren Kanadier umgedreht obenauf.

Mittags fuhren wir los. Peter tankte und besorgte dabei noch einige eisgekühlte Dosen Bier für seine Gäste, was die Vorfreude auf das Abenteuer weiter steigen ließ. Vor dem Abzweig des Steese Highway hielt Peter an der Fox-Quelle.

Aufladen der Kanus

An der dort installierten Zapfanlage befüllte er seine großen Trinkwassertanks. Der Steese Highway ist eine Schotterstraße, die nordöstlich von Fairbanks nach 260 km am Yukon in dem kleinen Ort Circle endet. Dort, 80 km südlich des Polarkreises, wurde 1893 zur Zeit der Goldsuche am Birch Creek die erste dauerhafte Goldgräbersiedlung gegründet. Circle hat heute knapp 100 überwiegend indianische Einwohner.

Wir steuerten zunächst den Beaver Creek an, um Henning und Kümmel abzusetzen. Der von der Hauptstraße abzweigende Weg zu ihrem Einsatzpunkt war noch gesperrt, aber wir wagten es trotzdem. Wir mußten mehrere Bachläufe und Ausspülungen überqueren. Einige tiefe und noch verschneite Rinnen mußten wir erst mit einer Spitzhacke und den Füßen etwas anschrägen, damit Peter mit Hilfe seines Allrad-Antriebs und viel Schwung darüber fahren konnte.

Irgendwann wurde Henning nervös. Bekam er jetzt etwa doch Bammel vor dem bevorstehenden Aufbruch in die einsame Wildnis? Ein Blick nach hinten offenbarte den Grund seiner Besorgnis. Er hatte schon einige Zeit beobachtet, wie sich sein Kajak unter der schweren Packlast über der hinteren Ladekante des Pick-ups immer weiter nach unten durchbog. Er stieg kurz aus und erleichterte es um einige der Bier-Paletten...

Um 16 Uhr kamen wir am Einsatzpunkt des Beaver-Creek an, wo wir ein Informationsschild über den Fluß, einen Registrierkasten und zu unserem Erstaunen sogar eine Toilette vorfanden. Der Beaver sah an dieser Stelle recht friedlich aus, was Eva und mich ein wenig beruhigte. Henning und Kümmel wollten noch einmal in Ruhe ihre Boote neu beladen, so daß wir sie leider nicht aufbrechen sahen. Schade, wir waren so auf den Tiefgang gespannt gewesen...

Auf unserer Weiterfahrt zum Birch Creek legten wir eine kurze Sightseeing-Rast an einem hoch gelegenen Paß ein. Man hatte von hier aus einen phantastischen Rundblick über die Landschaft Zentral-Alaskas. Wir waren umgeben von einem endlos wirkenden grünen Meer bewaldeter Hügel. An einigen Stellen ragten daraus kahle, rötlich-braune Bergkämme hervor. Fasziniert von den gewaltigen Dimensionen dieser unberührten Natur, aber auch nachdenklich, ob wir an diesem Fleck der Erde richtig aufgehoben waren, stiegen wir wieder in den Wagen. Auf dem Rest des Weges sprachen wir nicht mehr viel und nahmen die Eindrücke der Landschaft in uns auf. Wir versuchten uns innerlich darauf einzustellen, in dieser abgelegenen Wildnis bald auf uns allein gestellt zu sein.

Kurz vor dem Startpunkt wurden wir abrupt aus unseren Gedanken gerissen. Im Graben vor uns lag ein Auto auf dem Dach, einige Insassen schienen soeben dem Unfallfahrzeug entstiegen zu sein. Überraschenderweise waren die State

Troopers bereits eingetroffen, obwohl auf dieser Straße manchmal stundenlang kein Fahrzeug vorbeikommt. Wir stiegen aus und erfuhren, daß sich drei asiatische Touristen auf dem rutschigen Schotterbelag des Steese Highway mit ihrem Mietwagen überschlagen hatten. Eva erkundigte sich in ihrer Funktion als Ärztin, ob jemand Hilfe benötige, aber zum Glück war niemand verletzt.

"Hoffentlich ist das kein schlechtes Omen", dachten wir. Wie leicht konnte hier draußen etwas Unvorhergesehenes passieren!

Als wir um 17:30 Uhr endlich den Birch Creek erreichten, hatten wir den Unfall schon fast wieder vergessen. Von dem kleinen Parkplatz aus liefen wir aufgeregt etwa 300 m zum Fluß hinüber. Da lag er nun also vor uns. Blau und klar glitzerte er im strahlenden Sonnenschein. Seine Ufer waren tatsächlich noch zugefroren!

Wir sahen auch sofort, daß das munter gurgelnde Gewässer eine beeindruckende Fließgeschwindigkeit aufwies. Anhand der Karten wußten wir, daß seine Quellen nur etwa 10 km nördlich in den bis zu 1.500 m hohen Bergen lagen. Da sich unser Startpunkt auf einer Höhe von 600 m befand, hatte der Fluß also auf einer kurzen Stecke bereits einen beachtlichen Höhenunterschied hinter sich gebracht.

Mit einem etwas flauen Gefühl im Magen begaben wir uns zurück zum Parkplatz. Im Vorbeigehen warfen wir einen Blick auf das Hinweisschild, das in großen Lettern verkündete: "Sei auf alles vorbereitet - Du betrittst eine Abenteuerzone. Wetterumschwünge und wilde Tiere können jederzeit unerwartete Gefahren verursachen!" Die Ausrüstung müsse schnellen und drastischen Änderungen von Temperatur und Niederschlag gewachsen sein, hieß es weiter. Ständige Wachsamkeit und ein sicherer Abstand von Bären und anderen Tieren seien erforderlich.

Hatten wir uns mit unserem Vorhaben vielleicht doch ein wenig übernommen? Aber nun gab es kein Zurück mehr, und wir begannen Kanu und Ausrüstung hinüberzutragen.

Ausgerechnet beim Überqueren eines kleinen Seitenarmes riß Volker der Müllsack, der als improvisierter Transportbehälter für unser Kochgeschirr dienen sollte - Peter waren die für diesen Zweck vorgesehenen Netzbeutel ausgegangen. Alles landete im eisigen Wasser, konnte aber zum Glück geborgen werden.

Peter, der nun etwas hektisch wurde - er hatte immerhin noch vier Stunden Rückfahrt vor sich -, erklärte mir noch schnell die Grundlagen der Angeltechnik. Er zeigte mir, wie Haken, Blinker und Schwimmer verknotet werden und demonstrierte mir die Wurftechnik.

Wir verabschiedeten uns relativ bald von den beiden, weil wir in Ruhe einladen und allein in den Fluß stechen wollten. Ich befürchtete nämlich, bei der nicht unerheblichen Strömung und den vielen Felsen im Wasser gleich zu kentern und wollte uns die Blamage vor Peter und Volker ersparen.

Kurz vor dem Start ins Abenteuer

Noch hatten wir die Sicherheit des Steese Highway im Rücken, als wir unser Boot beluden. Wir versuchten die Ladung möglichst gut zu verschnüren - wie wir es von Peter gelernt hatten. Nachdem wir jetzt einen ersten Eindruck von unserem Fluß gewonnen hatten, wurde uns deutlich, wie wichtig es war, alles gut zu befestigen und vor Nässe zu schützen. Vorsichtig zogen wir das Boot ein wenig in die Strömung. Eva zog die Schwimmweste an und nahm ihren Platz im Bug ein. Dann schwang ich mich auf meine Sitzbank im Heck und die Fahrt begann!

Der Birch Creek hatte wenig mit den Flüssen gemein, die wir aus der zivilisierten Welt kannten. Der Lauf seines Flußbettes schien durch die jahreszeitlich stark wechselnden Wasserstände großen Abweichungen unterworfen. Wir begriffen schnell, daß die auf den sehr detailliert wirkenden geographischen Karten dargestellten Kurven lediglich eine grobe Vereinfachung des tatsächlichen Flußlaufes waren. So war eine Orientierung auf der Karte durch Verfolgen der eingezeichneten Kurven in keinster Weise zur Standortbestimmung geeignet. In Wirklichkeit reihte sich eine enge Kurve an die nächste, so daß man meist weniger als die nächsten 50 m überblicken konnte.

Die Natur, in die wir jetzt wohl oder übel eindrangen, war viel wilder und unwirtlicher als wir erwartet hatten. Der Fluß schlängelte sich durch einen dichten Urwald, der hier im Oberlauf überwiegend aus schlanken, hohen Fichten bestand. Der Wald wirkte düster und unheimlich. Die eng beieinander stehenden Bäume mit dem dazwischen wachsenden Buschwerk erweckten den Eindruck einer undurchdringlichen Wand. Hier würde es kein Durchkommen für uns geben, selbst wenn wir es gewollt hätten. Andererseits konnte in unserer Vorstellung jederzeit ein Bär aus diesem Dickicht hervorbrechen.

An den Außenseiten der Flußkurven, wo die Fließgeschwindigkeit stets am größten ist, bestand das Ufer aus ein bis zwei Meter hohen schlammigen

Sweeper!

Abbrüchen des Waldbodens. Mit seiner reißenden Kraft fraß der Fluß den Wald regelrecht in sich hinein. Die an der Abbruchkante stehenden Bäume waren im Wurzelbereich schon unterspült und konnten jederzeit in den Fluß stürzen.

Zahlreiche Bäume krallten sich mit letzter Kraft im Boden fest und hingen in abenteuerlichen Neigungswinkeln über dem Wasser. Viele Exemplare waren bereits umgestürzt und ragten wie Schranken mehr oder weniger stark ins Flußbett hinein. Dies also waren die berüchtigten "Sweeper", vor denen uns Peter bei der Kartenbesprechung gewarnt hatte!

An den ruhigen, flachen Innenseiten lagen oft kleinere Kieselbänke. Diese stellten im Frühjahr, wenn der Fluß durch die Schneeschmelze einen deutlich höheren Wasserstand aufwies, einen Teil des Flußbetts dar.

Zweifellos war der Fluß viel schwerer zu befahren als wir gedacht hatten. Die unerwartet zahlreichen Sweeper waren bei weitem nicht die einzigen Hindernisse, mit denen wir zu kämpfen hatten. Felsbrocken in allen Größen lagen verstreut im Flußbett und erforderten unsere volle Aufmerksamkeit. Besonders tückisch waren solche Exemplare, die einige Handbreit unter der Wasseroberfläche lagen. Um sie zu erkennen, mußten wir erst lernen, das Wasser zu lesen, das heißt, anhand der V-förmigen Strömungsmuster zu deuten, wie dicht unter der Oberfläche die Felsen liegen und welche Größe sie aufweisen. Die geringe Wassertiefe in Kombination mit der starken Strömung erschwerte ein Manövrieren des zentnerschweren Bootes allerdings ganz erheblich. Unsere Vorübungen auf dem Hamburger Isekanal mit einem leeren Kanadier waren im Vergleich dazu ein Kinderspiel gewesen.

Der sich ständig wandelnde Kiesgrund hatte an vielen Stellen zu einem eigenartigen, treppenartigen Aufbau des Flußbettes geführt. Typischerweise folgte nach einem relativ ebenen Abschnitt oft eine rutschenähnliche Passage mit starkem Gefälle. Die dort auftretenden starken Strömungen waren für uns zunächst völlig unberechenbar und bereiteten uns fortlaufend Adrenalinschübe. In einer dieser zahlreichen kleineren Stromschnellen wären wir dann auch fast gekentert.

Sobald sich das Flußbett dagegen verbreiterte, liefen wir zumeist auf und mußten das Boot über mehrere Meter ziehen. Die von Peter bereitgestellten

Hüftstiefel erwiesen sich als absolut unentbehrlich. Hinzu kamen die Moskitos, die uns schon bald zwangen, unsere Hauben aufzusetzen, die wir eigentlich nur für Ausnahmesituationen eingeplant hatten.

An einer etwas ruhigeren Stelle landeten wir an und stiegen mit weichen Knien aus dem Boot. Eva äußerte offen ihre Verzweiflung: "Sag mal, hast du dir das eigentlich so vorgestellt?"

"Wieso, was ist denn los?", fragte ich mit schlecht gespielter Ahnungslosigkeit.

"Och, gar nichts. Ich bin bloß jetzt schon fix und fertig. Wenn wir in diesem Tempo weitermachen, kommen wir doch in zwölf Tagen niemals an. Ich möchte mal wissen, wie man hier überhaupt mit einem Boot fahren soll. Und es kann doch auch nicht normal sein, daß wir alle zehn Meter aufsetzen!"

"Vielleicht hat der Fluß gerade einen niedrigen Wasserstand", mutmaßte ich. "Peter hatte ja gesagt, daß man im Oberlauf manchmal ziehen muß. Das wird bestimmt bald besser." Ich beschloß, meine eigene Verzweiflung lieber für mich zu behalten.

Gegen 20:30 Uhr kamen wir an eine größere Kieselbank. Wir entschieden uns, hier unser erstes Camp aufzuschlagen. Wir hatten noch keine klare Vorstellung von einem "guten" Lagerplatz, die Stelle sah aber ganz geeignet aus. Sie war auf unserer Uferseite recht übersichtlich und bot auf den ersten Blick jede Menge Treibholz. Eva hatte große Angst vor Bären, doch zum Glück fanden wir bei der Begehung der näheren Umgebung keine Spuren. Außerdem trugen wir unsere Bärenglocken am Hosenbund. Unsere Position auf der Karte konnten wir nicht ausfindig machen. Wir waren vermutlich nicht weiter als 5 oder 6 km vom Start entfernt, aber es gab nun definitiv kein Zurück mehr. Als wir versuchten, unser Kanu an Land zu ziehen, stellten wir fest, daß es unglaublich schwer war. Mit maximalem Schwung bekamen wir es aber immerhin vollständig aus dem Wasser heraus. Da kein Baum zum Fest-binden in erreichbarer Nähe war, vertäuten wir es notdürftig mit Hilfe mehrerer großer Steine.

Die jetzt einsetzende Arbeits-teilung bei der Errichtung des Camps behielten wir von nun an im wesentlichen während der ge-samten weiteren Fahrt bei.

Während Eva das Zelt auf-baute, kümmerte ich mich um die

Unser erstes Camp

Feuerstelle. Das Zelt mußte ohne Heringe aufgestellt werden, da diese sich absolut nicht zwischen die pflastersteingroßen "Kiesel" einschlagen ließen.

"Martin, wo ist eigentlich die blaue Überplane für das Zelt?", rief Eva.

Verdammt, die erste größere Panne war eingetreten. Da es sich bei unserem Zelt um ein einfaches Sommerzelt handelte, hatten wir auf Peters Anraten eine große, wasserdichte Plane hinzugekauft. Ärgerlicherweise hatten wir in der allgemeinen Hektik dieses wichtige Stück auf Peters Truck liegen lassen!

Kurz darauf der nächste Schock: Ich hatte mein brandneues Hüftmesser verloren! Während der Fahrt hatte ich es an dem dafür vorgesehenen Clip am Gürtel getragen. Wahrscheinlich hatte es sich bei dem ständigen Ein- und Aussteigen auf dem Fluß gelöst und war irgendwo in die Fluten gefallen.

Deprimiert begab ich mich wieder ans Sammeln des Treibholzes. Wenigstens davon war hier mehr als genug vorhanden. Den Feuerring baute ich etwa 10 m vom Boot und gut 15 m vom Zelt entfernt auf, um einen Funkenflug aufs Zelt zu vermeiden. Außerdem wollten wir natürlich wegen der Bären eine gewisse Distanz zwischen dem Zelt, unserer Kochstelle und den im Boot lagernden Nahrungsmitteln einhalten.

Nach kurzer Zeit brannte ein großes Feuer und auch unser Schlafplatz war gerichtet. Nun wirkte unser Camp schon gleich viel behaglicher. Ich hatte auch einen großen Baumstamm als Sitzgelegenheit zum Feuerring geschleppt. Heute Abend standen die ersten beiden unserer vier T-Bone-Steaks auf dem Speisezettel. Das Grillen der Steaks über dem offenen Feuer klappte recht gut und verbreitete einen köstlichen Duft. Dazu gab es Folienkartoffeln mit Sour-Cream und zwei Budweiser. Diese hatten wir zuvor in einem aus Steinen gebauten Ring im Fluß gekühlt. Unsere erste Mahlzeit in der Wildnis war ungemein lecker und mundete nach den Strapazen doppelt gut. Nach dem Essen ging es uns wieder deutlich besser. Wir hatten das Gefühl, die Lage nun doch unter Kontrolle zu bekommen. Darüber hinaus war Eva glücklich, daß kein Bär aufgetaucht war, mit dem sie ihr T-Bone-Steak hätte teilen müssen.

Mmmh - T-Bone-Steaks

Wir reinigten den Grillrost sorgfältig und ließen ihn anschließend noch über dem Feuer ausglühen, um den Fleischgeruch möglichst zu vernichten. Auch unsere leeren Bierdosen trockneten wir am Feuer aus, bevor wir sie in unserer Mülltüte verschlossen. Wir fanden heraus, daß die einfachste Methode der Teller- und Besteckreinigung darin bestand, die Gegenstände einige Male durch den nassen Flußsand zu ziehen. Dieser war allerdings nicht an jedem Camp vorhanden, da die Kiesbänke oft nur aus Steinen bestanden.

Nachdem wir das Camp also wieder möglichst bärensicher aufgeräumt hatten, saßen wir nun zufrieden auf unserem Baumstamm, verfolgten das Züngeln der Flammen und legten ab und zu ein Stück Holz nach. Vor uns lag der Fluß, dahinter begann der undurchdringliche Wald. Außer dem Knistern des Feuers und dem Rauschen des Flusses waren keinerlei Geräusche zu hören. Die Stille unterstrich die Einsamkeit, in der wir uns befanden, und ich war froh, daß Eva neben mir saß. Es war noch immer hell, aber die Sonne hatte sich hinter die Berge gesenkt, und so kühlte es rasch ab. Wir saßen noch einige Zeit am Feuer und genossen dessen behagliche Wärme, die uns in der rauhen Natur ein Gefühl der Geborgenheit gab.

Um 1:00 Uhr verkrochen wir uns ins Zelt. Als wir in unseren Schlafsäcken lagen, waren wir froh über unser kleines Nest, das einen gewissen Schutz zu bieten schien. Bevor wir die Augen schlossen, galt unser letzter Blick den großen Kartuschen mit Pfefferspray, die jeder von uns griffbereit neben sich liegen hatte.

Gegen 4:00 Uhr wachte ich schweißgebadet und kältezitternd auf. Ein Blick auf das Thermometer zeigte 8°C. Das ganze Zelt war von innen feucht. Wir hätten vielleicht doch besser ein ordentliches Doppeldachzelt kaufen sollen, dachte ich und öffnete die Eingänge, damit Luft durchzog. Draußen lag unberührt das gut verschnürte Boot - Gott sei Dank! Da mein Daunenschlafsack auch klamm geworden war, zog ich den Reißverschluß einmal komplett auf, um ihn kurz zu trocknen. Eva lag eingemummelt in ihrem Kunstfaserschlafsack und schlief tief und fest. Die Nacht war sehr ruhig.

SWEEPER

Um 8:00 Uhr stand Eva auf. Wir hatten unsere erste Nacht in der Wildnis unbehelligt überstanden und sogar verhältnismäßig gut geschlafen! Der Tag versprach wunderschön zu werden. Am strahlend blauen Himmel waren kaum Wolken zu sehen. Als ich einige Zeit später aus dem Zelt lugte, war Eva schon mit dem

Beim Frühstück

Filtern des Wassers beschäftigt. Peter hatte uns zwar gesagt, daß dies im Oberlauf höchstwahrscheinlich unnötig sei, da sich erst im Unterlauf vermehrt Biber befänden, von denen die Gefahr einer Verbreitung von Giardia lamblia ausgehen könnte. Diese Parasiten können Lambliasis verursachen, eine schwere, stark schwächende Durchfallerkrankung, die in einigen Fällen sogar chronisch werden kann. Darauf wollten wir es in der Wildnis nicht ankommen lassen.

Ich begann Feuer für das Kaffeewasser zu machen. Es dauerte unerwartet lange, bis das Wasser kochte. Der Kaffee schmeckte dafür aber um so besser. Auf dem Baumstamm in der Sonne sitzend, genossen wir Toast mit Nutella und Marmelade. Dazu gab es gekühlten Orangensaft.

Nachdem wir das Geschirr gespült hatten, versuchte ich mich im Goldwaschen. Schließlich befanden wir uns in einer der goldreichsten Gegenden Alaskas. Die kleinen gelben Nuggets schienen jedoch nicht an jeder x-beliebigen Flußbiegung einfach im Sand zu liegen. Aber daß die Goldsuche immense Mühen und Geduld kostet, kannte man ja schon aus diversen Jack-London-Verfilmungen.

Zu völlig unerwarteten Schwierigkeiten kam es dann bei der praktischen Umsetzung des Wissens, das wir uns im OutdoorHandbuch "How to shit in the woods" angeeignet hatten. Eine ausgehungerte Meute Moskitos hatte offenbar nur darauf gewartet, daß ahnungslose Wanderer in den Büschen einige Körperstellen freilegten, die noch nicht mit Muskol behandelt worden waren. Das Resultat der Aktion waren jedenfalls mindestens fünfzehn Moskitostiche innerhalb weniger Sekunden.

Wir traten die Flucht nach vorn an, entledigten uns im Laufen unserer restlichen Kleidungsstücke und sprangen in den Fluß. Bei einer Wassertemperatur von gemessenen 8° war die Badefreude allerdings nur von kurzer Dauer. Ein Untertauchen des Kopfes war kaum möglich, da sich die Kälte wie Messerspitzen in die Kopfhaut bohrte. Nach dem Bad fühlten wir uns ungemein erfrischt. Auch der Juckreiz der frisch erworbenen Moskitostiche war für einige Zeit verschwunden.

Gut gelaunt wollte ich mich jetzt ausgiebig dem Angeln widmen. Ich hatte mir vorgestellt, nur die Angel ins Wasser halten zu müssen, um in kurzer Abfolge die prächtigsten Fische herauszuziehen. Erwartungsvoll präparierte ich sie mit einem neuen, kleinen Blinker, den Peter empfohlen hatte, und versuchte, seine Wurftechnik zu imitieren. Schon nach kurzer Zeit verhedderte sich die Schnur. Außerdem kam ich mit meinen Würfen nie weiter als 5 m.

Irgend etwas mußte ich wohl falsch machen. Auf diese Weise konnte ich jedenfalls den Haken nicht in tiefere Stellen des Flusses befördern. In dem knietiefen Wasser, in dem ich stand, waren weit und breit keine Fische zu sehen. Nach einer guten Stunde ohne die geringsten Anzeichen eines Fisches kam ich zu dem Schluß, daß auch das Angeln in der Wildnis schwieriger war als erwartet. Wir fragten uns, wozu Peter uns eigentlich eine Schnur mit einem Angelhaken in unsere Survival-Kits gepackt hatte. Noch mehr als zuvor strahlte unsere überfüllte Proviantkiste jetzt etwas sehr Beruhigendes aus.

Bevor wir das Boot wieder beluden, wanderten wir noch einmal zu zweit die gesamte Kieselbank ab in der Hoffnung, doch noch das verlorene Hüftmesser wiederzufinden - leider ohne Erfolg. Der Verlust schmerzte, aber wir mußten weiter.

Zum Glück hatten wir noch unser Schweizer Taschenmesser sowie ein Filetiermesser, das wir uns in Erwartung großer Hechte zugelegt hatten. Bei unserer Messersuche fanden wir übrigens einen riesigen Knochen, der wahrscheinlich von einem prähistorischen Tier stammte!

Nach einem Erinnerungsfoto ließen wir ihn aber an Ort und Stelle liegen.

Nachdem wir die Abfälle im Feuer verbrannt hatten, beseitigten wir sämtliche Spuren unseres Lagers restlos. Sogar die geschwärzten Steine des Feuerringes warf ich in den Fluß. Als wir ablegten, waren wir ein wenig traurig, diesen schönen Campplatz verlassen zu müssen. Eva sagte, daß sie sich fast schon etwas heimisch gefühlt hatte. Andererseits waren wir sehr gespannt, was uns auf unserer nächsten Etappe erwarten würde.

Wie bereits am Vortag, mußten wir das Boot über zahlreiche Kieselbänke ziehen. Immer wie-

Ein Mammutknochen?

der mußten wir in dem niedrigen Wasser aussteigen und der Begriff "Kanuwandern" bekam für uns eine völlig neue Bedeutung. Unser Ziel bestand zunehmend darin, möglichst lange im Boot sitzen bleiben zu können. Dies führte dazu, daß wir immer risikofreudiger wurden und ohne vorher anzuhalten auch in Kurven hinein fuhren, deren Verlauf nicht einzusehen war.

Irgendwann kam dann plötzlich nach einer Linkskurve unvermittelt ein kurzer, stark abschüssiger Streckenabschnitt. Am Ende dieser "Rutsche" prallte der Fluß frontal gegen die Waldböschung, um dann im 90° Winkel rechts abzuknicken. Ohne etwas ausrichten zu können, sausten wir auf die Böschung zu. In diesem Moment sahen wir auch schon einige Meter weiter flußabwärts einen großen Sweeper. Er versperrte den Fluß fast vollständig und wippte in der starken Strömung bedrohlich auf und ab. Mir schoß die Warnung aus unserem Kanu-Ratgeber durch den Kopf: Je nach Stärke der Strömung könne es sich als unmöglich erweisen, ein quer vor einem Baum liegendes Boot zu bergen, da die Kraft des Wassers das Boot bis auf das Flußbett drücken kann.

Ich hatte den Gedanken noch nicht zu Ende gedacht, da prallten wir auch schon gegen die Böschung. Im starken Rückschwall des Wassers drehte sich unser Boot zu allem Überfluß jetzt auch noch und trieb mit hoher Geschwindigkeit schräg rückwärts auf den Baum zu. Wir schienen nur noch wenige Sekunden vom sicheren Untergang entfernt.

Den Baum in meinem Rücken, versuchte ich wie wahnsinnig gegen die Strömung anzupaddeln - ein völlig ausweglobes Unterfangen.

"Eva!", schrie ich in höchster Anspannung, "halt dich irgendwie fest! An den Büschen!" Eva war mit dem Bug des Kanus etwa einen Meter vom steilen, mit Büschen bewachsenen Ufer entfernt.

"Wie denn? Ich komme nicht dran!", kreischte sie verzweifelt.

Ein kurzer Blick ins Wasser sagte mir, daß auch ein Notausstieg an dieser Stelle chancenlos war, da der Fluß ausnahmsweise einmal richtig tief zu sein schien. Die Strömung hätte mich sofort weggerissen und selber unter den Baum getrieben.

"Du mußt dich irgendwie festhalten!", schrie ich noch einmal. "Es ist die einzige Chance!"

Mit äußerster Anstrengung lehnte sich Eva soweit sie konnte aus dem Boot und bekam schließlich tatsächlich einen Busch zu fassen. Trotz der starken Strömung schaffte sie es, uns an einem dünnen, wackligen Zweig ans Ufer zu ziehen. Die Lage war damit aber bei weitem noch nicht entschärft. Wir befanden uns in einer Art labilen Gleichgewichts. Noch hielt Eva uns mit der Kraft ihrer ausgestreckten Arme in Ufernähe, während die Strömung das Boot immer wieder in den Fluß zu ziehen drohte. Es war klar, daß Evas Muskelkraft auf diese Weise bald erschöpft sein würde. Wir mußten also das Boot am Ufer fixieren.

"Mach das Seil fest!", rief ich ihr zu.

Eva löste rasch eine Hand, um das Bugseil zu fassen und um einen Baumstamm zu schlingen. Die Situation wurde besonders kritisch, da Eva das ganze Gewicht unseres Bootes jetzt nur noch mit einem Arm halten konnte. In dem Moment, als sie das Seil befestigen wollte, rutschte das Boot noch einmal ein bis zwei Meter nach hinten und hing nun schon fast vor dem Sweeper. In letzter Sekunde arretierte das Seil. Endlich war das Boot gesichert.

Es stellte sich nun die Frage, wie wir das Boot aus dieser Position wieder in den Fluß bringen konnten, ohne erneut in eine fatale Situation zu geraten. Es gab nur eine einzige Möglichkeit, aus dieser Zwangslage wieder herauszukommen: Wir mußten das Kanu vom gegenüberliegenden Ufer an dem Sweeper vorbeitreideln. Doch dazu mußten wir zunächst einmal an das andere Ufer gelangen. Die Überquerung des Flusses konnte nur oberhalb der abschüssigen Passage erfolgen, so daß wir gezwungen waren, das Boot gegen die Strömung wieder flußaufwärts zu ziehen.

Ich beschloß auszusteigen und kletterte vorsichtig aus dem Boot, um mich an dem bröckeligen Ufer hochzuziehen. Ich ging ein Stück flußaufwärts am Ufer entlang.

"Eva", rief ich, "wirf mir dein Seil zu!"

"Spinnst du? Wenn das nicht klappt, ist alles vorbei!", antwortete sie.

"Es geht nicht anders. Du mußt dich mit der einen Hand wieder an dem Ast festhalten und mir mit der anderen das Seil zuwerfen."

Einen Moment zögerte sie, doch dann schleuderte sie mir das Seil in hohem Bogen zu. Ich konnte es eben noch aus dem Wasser fischen und zog das Boot aus der Strömung. Eva stieg aus und balancierte mit dem Heckseil in der Hand am Rand der schlammigen Böschung umher.

"Geh doch oben am Waldrand entlang", sagte ich. Sie ließ sich nicht beirren.

"Nein, ich gehe nicht durch den Wald. Da ist alles voller Dickicht und wir wissen nicht, ob wir irgendwelche Tiere aufschrecken."

Zu sehr hatte sie Peters Geschichte der zwei Wanderer vom letzten Jahr beeindruckt, die im Unterholz eine Bärenmutter mit ihren Jungen erschreckt hatten. Einer der beiden hatte das mit seinem Leben bezahlen müssen.

Prompt rutschte sie im Schlamm aus und landete mit dem linken Bein bis zur Hüfte im Wasser.

"Na toll, jetzt ist mein linker Stiefel vollgelaufen...", schimpfte sie und kletterte schließlich doch auf das bewaldete Ufer hinauf.

Mit vereinten Kräften zogen wir von dort aus das Boot weiter flußaufwärts. Ein ganzes Stück oberhalb der Stromschnelle fanden wir eine seichte Stelle zum Überqueren des Flusses und treidelten das Boot dann vom anderen Ufer aus ohne weitere Probleme an dem tückischen Sweeper vorbei.

Der Birch wurde nun immer wilder. Die erst kurz zurückliegende Frühjahrsflut hatte hier im Oberlauf zahllose große Fichten in den Fluß gerissen. Wenn die Durchfahrten allzu eng erschienen, stiegen wir aus und treidelten. Gefährliche Hindernisse bildeten aber auch solche Bäume, die mit in Strömungsrichtung abgeknickten Zweigen knapp unter der Wasseroberfläche lagen und erst im letzten Moment sichtbar wurden. Äußerst brenzlig wurde es, wenn derartige Hindernisse direkt nach Kurven mit starkem Gefälle auftauchten.

Nach unzähligen nervenaufreibenden Passagen tauchte etwa 30 m vor uns ein besonders furchterregendes Hindernis auf: Eine riesige Fichte, die wie eine Eisenbahnschranke in einer Höhe von weniger als einem Meter parallel zur Wasseroberfläche quer über dem ganzen Fluß hing! Vor Schreck gelähmt saßen wir im Boot, das mit großer Geschwindigkeit frontal auf die Barriere zuraste. Für ein Anlegemanöver war es angesichts der Fließgeschwindigkeit und unserer noch unterentwickelten Anlegekünste bereits zu spät. Unter dem Stamm hindurch zu fahren schien jedoch ebenso ausgeschlossen - die dichtstehenden Äste des Baumes ragten wie ein überdimensionaler Kamm ins Wasser. Auch ein Notausstieg erschien erneut unmöglich - im tiefdunklen Wasser war kein Grund zu erkennen.

"Was sollen wir tun?!", schrie Eva verzweifelt.

"Ich weiß es nicht!", rief ich in Panik.

In dieser auswegslosen Situation verfielen wir in eine hilflose Starre. Die letzten Sekunden bis zur unvermeidbar erscheinenden Katastrophe ließen wir uns einfach nur noch treiben. Ich registrierte entsetzt, wie Eva kurz vor dem Stamm reflexartig ihre Arme hochriß - offenbar in dem Versuch sich festzuhalten. Ihre Hände rutschten jedoch ab und ihr Oberkörper wurde nach hinten weggerissen.

"Das haut mir den Kopf ab!!!"

Mit diesem letzten Aufschrei sah ich den rauhen Stamm fast ungebremst über ihre Nasenspitze hinwegfegen. Ich befürchtete das Allerschlimmste. Mit letzter Verzweiflung versuchte nun auch ich, mich am Stamm festzuhalten. Für einen Moment gelang mir das tatsächlich und das Boot wurde abgebremst. Dann mußte ich mich der Kraft der Strömung ergeben und wurde unter dem Baum regelrecht hindurch gequetscht.

"Eva, was ist passiert?", rief ich besorgt.

Ich war sehr erleichtert als sie antwortete: "Nichts, hab' nur ein paar Schürf-wunden abbekommen." Auch ich hatte zum Glück nur eine Beule am Kopf davon-getragen.

Es folgten unzählige weitere Bäume und gefährliche Kurven. Unser Boot schluckte jede Menge Wasser. Die ständige Konzentration und die Anstrengung erschöpften uns zunehmend. An einer großen Kieselbank in einer langen Links-kurve entschieden wir uns, anzulegen. Die wärmenden Strahlen der Abendsonne fielen auf dieses Ufer und wir beschlossen, hier unser zweites Camp aufzuschla-gen. Wir luden das stark verdreckte und mit Zweigen übersäte Kanu aus. Wäh-rend Eva sich um dessen Trocknung und Reinigung kümmerte, baute ich eine Feuerstelle.

Als ich mich beim Holzsuchen etwas weiter vom Camp entfernte, entdeckte ich hinter einer Ansammlung von Weidenbüschen ein großes Wasserloch. In dem feuchten Schlamm war eine frische Spur zu sehen: handtellergroße Tatzen mit tie-fen Abdrücken von Krallen!

"Mist, eine Bärenspur", dachte ich. Verunsichert blickte ich mich um. Wenige Meter weiter begann ein undurchsichtiges Birkenwäldchen. Auf dem Boden im näheren Umkreis bemerkte ich nun auch an verschiedenen Stellen Tierkot. Es gab zahlreiche Haufen mit eichelförmigen braunen Kugeln, die ich mit ziemlicher Sicherheit als Elchkot identifizierte. Ein anderer Haufen war so groß, daß ich ihn für die Hinterlassenschaft eines Bären hielt. Er sah allerdings schon älter aus. Ich empfand es als meine Pflicht, Eva darüber zu unterrichten, und führte sie zu dem Wasserloch. Ihre Reaktion war vorauszusehen.

"Hier können wir auf keinen Fall bleiben", sagte sie mit star-rem Blick auf die Tatzenabdrücke.

"Eva", entgegnete ich, "wir wissen doch gar nicht, wann das Tier hier vorbeigegangen ist. Das kann schon ein paar Tage her sein. Sieh mal, die Fährte verläuft geradeaus weiter Richtung fluß-abwärts. Wahrscheinlich ist es hier nur mal zufällig längsgelau-fen."

Bärenspur im Sand?

Eva begann, mich über alle möglichen Gefahren aufzuklären: "Wenn das hier seine gewohnheitsmäßige Route ist, kommt er vielleicht wieder. Du weißt genau, daß wir nicht an Stellen campen sollen, wo Bärenspuren sind."

"Ich finde nicht, daß das hier nach einer Route aussieht. Diese Kieselbank ist außerdem sehr übersichtlich. Jedes Tier würde unser Lager und vor allem das Feuer schon von weitem sehen. Und außerdem, willst du wirklich alles wieder einladen und jetzt noch ein neues Lager suchen? Es ist schon fast 23:00 Uhr!"

Eva wurde zunehmend weniger enthusiastisch. Als ich schließlich mit Streik drohte, lenkte sie ein: "Na schön, aber mir paßt das gar nicht. Dann werde ich eben die ganze Nacht kein Auge zumachen."

Für ihre Verhältnisse gab sie noch relativ rasch nach. Vermutlich ging es ihr auch nicht besser als mir, und sie war insgeheim froh, nicht noch einmal auf den kalten und um diese Zeit wenig einladenden Fluß zu müssen.

Wir überlegten, ob wir angesichts der Tierspuren die letzten beiden Steaks grillen sollten. Wir wollten die kostbare Mahlzeit jedoch nicht verderben lassen. Außerdem verströmte das rohe Fleisch in der Lebensmittelbox mit Sicherheit auch einen äußerst verlockenden Duft. So entfachten wir schließlich ein Feuer und packten beherzt die Steaks auf den Grillrost. Unweigerlich begann das Fett in die heiße Glut zu tropfen. Besorgt verfolgten wir die Rauchschwaden, die mehrere hundert Meter weit flußabwärts in den dunklen Wald zogen.

Konnte man sich wirklich darauf verlassen, daß wilde Tiere eine natürliche Angst vor Feuer haben? Wir hofften darauf, daß sich die Raubtiere der Umgebung in dieser Hinsicht ihre Wildheit bewahrt hatten. Sicherheitshalber gab es als Beilage eine Pilzpfanne mit reichlich Knoblauch. Dazu gönnten wir uns wieder zwei Bud aus unserem flußbetriebenen Kühlschrank und gaben uns diesmal beim Reinigen von Pfanne und Grillrost besonders viel Mühe

Erst nach unserer Tour fanden wir übrigens heraus, daß die vermeintlichen Bärenspuren in Wirklichkeit von großen Wolfspfoten stammten...

ORIENTIERUNGSLOS

Die Nacht war ohne Zwischenfälle verlaufen, doch Eva hatte schlecht geschlafen und war bereits gegen 8:30 Uhr hellwach. Ich wachte ebenfalls auf, weil ich ihre Unruhe bemerkte.

"Was ist los?", fragte ich.

"Ich habe Durst", sagte sie mit einer merkwürdig vorwurfsvollen Stimme.

"Ja und? Geh' doch raus und hol' dir Wasser."

"Nein, das geht nicht", erwiderte sie im entschiedenen Ton.

"Wieso nicht?"

"Draußen steht bestimmt ein Bär."

Ich beschloß, auf diese abstruse Äußerung nicht weiter einzugehen und klappte meine Schlafbrille wieder herunter. Evas Bärenangst ging mir langsam auf die Nerven...

Die Sonne brannte gnadenlos auf unser Zelt. Es war inzwischen heiß und stickig geworden. Und selbstverständlich kreisten die Moskitos schon wieder mit einem irrwitzigen Summen in dichten Schwärmen um die Kuppel unseres "Sonnen-Doms".

Es hatte sich schnell herausgestellt, daß diese Plagegeister an unserer Behausung ein gesteigertes Interesse hatten. Beim morgendlichen Erwachen hingen sie bereits zu Hunderten am Eingang und - unserer Wahrnehmung nach - am liebsten direkt in der Nähe des Reißverschlusses.

Am schlimmsten war es, wenn man in den Morgenstunden im noch geschlossenen Schlafsack aufwachte, und die Sonne das Zelt schon stark aufgeheizt hatte. Der dann auftretende Juckreiz war eine gänzlich neue Erfahrung. Man spürte keine einzelnen Stiche mehr, vielmehr schien das Jucken vom ganzen Körper auszugehen, und man hätte sich am liebsten überall gleichzeitig gekratzt. Unsere kleine Tube Mückensalbe im Zelt hüteten wir wie unsere Augäpfel. Argwöhnisch überwachten wir uns gegenseitig beim sparsamen Auftragen des Gels.

Vor dem Verlassen des Zeltes griffen wir dann normalerweise zuerst zum Muskol. Aber auch damit mußten wir haushalten. Unsere beiden Fläschchen leerten sich deutlich schneller als angenommen, zumal es entgegen der Packungsangaben bei weitem nicht ausreichte, das Zeug nur einmal am Tag aufzutragen. Bald würden wir die Rationen aus den Survival-Kits anbrechen müssen, die wir zum Glück auch noch dabei hatten. Das ständige Einreiben mit dieser chemischen Keule hatte, gepaart mit dem häufigen Naßwerden, unsere Hände schon stark angegriffen. Wir bereuten sehr, daß wir nicht mehr Handcreme mitgenommen hatten.

Eva machte noch immer keine Anstalten, das Zelt zu verlassen. Ich wollte gern noch ein bißchen liegen bleiben, doch das tyrannische Summen der Moskitos und der Juckreiz wurden immer unerträglicher. Schließlich platze mir der Kragen. Ich sprang hoch und rannte zur Abkühlung direkt in den Fluß. Eva folgte meinem Beispiel...

Waschtag

Danach fühlten wir uns beide deutlich besser und frühstückten, wobei die Moskitos sich leider ebenfalls sehr hungrig zeigten. Anschließend war "Großwäsche" angesagt. Auf der gespannten Leine im kräftigen Wind trockneten die Sachen sehr schnell. Als eine Böe sogar unser Zelt umblies, bauten wir unser Lager ab und fuhren los.

Das Wetter war wieder phantastisch und der Fluß schien sich etwas zu normalisieren. Die ständige Gefahr durch Sweeper ging zurück, und wir blieben auch nicht mehr so oft auf seichten Kiesbänken stecken. Allerdings machten wir uns zunehmend Sorgen darüber, weiterhin völlig ohne Orientierung zu sein. Wir hielten noch immer nach Harrington Fork Ausschau, einem größeren Zufluß vom Westen. Laut Peter aufgrund seines braunen Wassers nicht zu verfehlen und spätestens am zweiten Tag zu erreichen.

"Wenn wir jetzt immer noch nicht am Harrington Fork sind, werden wir die Strecke in zwölf Tagen doch niemals schaffen", äußerte sich Eva besorgt.

Da tauchte rechts ein relativ kleiner Zulauf auf. Voller Hoffnung landeten wir an und machten uns zu Fuß an dessen Erkundung. Nach 500 m stellten wir verblüfft und enttäuscht fest, daß es sich um einen Nebenarm vom Birch Creek handelte, der von uns unbemerkt flußaufwärts abgezweigt war und hier wieder einmündete. Wieder nichts...

Um endlich einmal einen Blick von oben über den Verlauf des Flusses werfen zu können, legten wir einige Zeit später an einer 3 m hohen Böschung an. Oben fanden wir eine große, ebene Fläche vor. Es handelte sich um eine mit Moosen und Gräsern bewachsene Wiesen- bzw. Marschlandschaft. An einigen Stellen standen große, doldenartige blauviolette Blumen. Der Boden war außerordentlich nachgiebig und mit tiefen Löchern übersät, in die man ohne weiteres bis zu den Hüften einsinken konnte. Man hatte das Gefühl, auf einem überdimensionalen Schwamm zu gehen.

Eva schlug vor, einen neuen Orientierungsversuch mit Kompaß und Karte vorzunehmen. Anhand der Ebene, der Hügelkette im Hintergrund und der Fließrichtung des Birch folgerten wir, Harrington Fork schon lange passiert zu haben und bereits in West-Ost-Richtung unterwegs zu sein. Unsere genaue Position konnten wir aber nicht sicher bestimmen.

Ruhiger Birch Creek

Nach einer weiteren Stunde Fahrt machten wir eine kleine Rast. Als ich ein Stück am Ufer entlang ging, stieß ich auf relativ frische Fußspuren im Sand, die aussahen, als kämen sie von der gleichen Sorte von Hüftstiefeln, wie auch wir sie trugen. Stammten sie von Peters Gästen, die eine Woche vor uns auf dem Birch gestartet waren? Die Aufregung, die die Entdeckung dieser Spuren menschlicher Zivilisation verursachte, machte mir einmal mehr die Einsamkeit bewußt, in der wir uns hier draußen befanden.

Mit unserer vagen Orientierung versuchten wir nun, nach der Karte zu fahren, um ein von Peter empfohlenes Camp zu finden. Von dort sollte auch ein gut zugänglicher Trail in die Berge führen. Wir glaubten zunächst, die Kurven des Flusses recht gut auf der Karte verfolgen zu können. Schließlich mußten wir aber feststellen, daß wir Peters Empfehlung wohl doch nicht finden konnten. Wir kamen in ein weites, flaches Tal mit ausgedehnten Kiesbänken. An einer Stelle schien von links ein Zufluß zum Birch zu existieren, der zur Zeit ausgetrocknet war. An diesem Ort legten wir an.

Wie bereits gewohnt, machten wir uns erst einmal durch Klatschen und Rufen bemerkbar, um potentiell vorhandene Tiere zu warnen. Als nächstes suchten wir die nähere Umgebung nach Tierspuren ab. Wieder fanden wir zahlreiche große Tatzenabdrücke, Hufspuren von Elchen sowie Unmengen von Elchkot.

Da uns der Platz aber trotzdem irgendwie ansprach, beschlossen wir, ein Lager zu errichten. Die Kieselbank war sehr groß, so daß uns Tiere früh erkennen konnten und wir ebenfalls alles im Blick hatten. Außerdem gab es hier endlos viel Treibholz und eine relativ ebene Fläche für unser Zelt.

Abgesehen von diesen rationalen Argumenten, zog uns etwas an diesem Ort magisch an. Das von der Seite einmündende trockene Flußbett mit seinen riesigen quer liegenden Baumleichen strahlte etwas Surreales aus. Welche Kräfte mochten in der Lage gewesen sein, diese riesigen Stämme mitsamt Wurzelwerk

Menschenleere Landschaft

hierher zu treiben? Nun lagen sie hier, bleich und ausgetrocknet. Es hatte den Anschein, als ob sie sich seit ewigen Zeiten nicht mehr von der Stelle gerührt hätten. Die hinter den Bergen versinkende Sonne tauchte den Platz in ein unwirkliches Licht. Außer dem leisen Gurgeln des Flusses waren kaum Geräusche zu hören. Wir hatten plötzlich das Bedürfnis, ein Feuer zu entfachen.

Beim Sammeln des Feuerholzes fand ich einen geraden, knapp einen Meter langen Birkenpfahl mit abgeschälter Rinde, der an einem Ende sorgfältig zugespitzt war. Ich war überrascht, da ich zwei Tage zuvor schon einmal etwas Ähnliches gefunden hatte. Ich fragte mich, wer um alles in der Welt hier draußen in der Wildnis seine Zeit damit verbrachte, solche merkwürdigen Pfähle herzustellen. Und zu welchem Zweck waren sie bestimmt? Ich beschloß, den Stock beiseite zu legen, und setzte meine Brennholzsuche fort. Zu meiner großen Verwunderung fand ich noch weitere Exemplare dieser Art, die ich ungläubig inspizierte. Doch dann kam mir die Erkenntnis: Das konnte nur das akribische Werk von Bibern gewesen sein! Aufgeregt berichtete ich Eva von meiner Entdeckung.

In der Zwischenzeit hatte sie schon das Zelt aufgestellt. Gerade als sie mit den Therma-Rest-Matten und Schlafsäcken unser Nachtlager errichtete, kam wie aus heiterem Himmel ein stürmischer Wind auf. Eva suchte rasch ein paar schwere Steine zusammen, die sie in den Ecken des Zeltes deponierte. Zusätzlich befestigten wir eine Leine, die wir um einen Baum schlangen, um das Zelt vor dem Wegfliegen zu sichern. Als das Lager aufgebaut war, nahmen wir uns noch einmal die Karte vor. Ich zog den Kompaß aus der Hosentasche, stellte mich an das Flußufer und richtete die Dose gen Norden aus.

"Eva, komm mal her, hier stimmt was nicht", rief ich und starrte entgeistert auf die Kompaßnadel. "Laut Karte fließt der Birch doch von Westen nach Osten. Dieser Fluß hier fließt laut Kompaß genau in die entgegengesetzte Richtung!"

"Wie bitte?", fragte Eva und riß mir den Kompaß aus der Hand. "Tatsächlich, da vorne ist Norden, dann muß hier Osten sein. Der Fluß fließt von Osten nach Westen. Ist dir eigentlich klar, was das heißt? Wir haben uns verfahren! Wir sind irgendwie auf einem anderen Fluß gelandet! Wir werden nie wieder zurückfinden! Wir sind verloren!"

"Nun beruhig' dich erst mal. Hier gibt es überhaupt keine anderen Flüsse, auf die wir aus Versehen gelangen könnten. Und außerdem mündet sowieso jeder Fluß irgendwann in den Yukon. Spätestens dann würden wir schon merken, wo wir sind."

"Aber vielleicht sind wir auf einen toten Seitenarm gelangt, der irgendwann im Kies versickert. Gegen die Strömung können wir dann nicht zurück, und suchen wird uns dort auch niemand."

"Ach Quatsch, das kann doch gar nicht sein. Von so etwas hätte uns Peter doch erzählt."

"Wir haben wahrscheinlich schon am Anfang einen Riesenfehler gemacht. Deshalb haben wir auch Harrington Fork nicht gefunden. Mit so etwas hat Peter nicht gerechnet. Deshalb hat er uns auch nichts davon erzählt!"

An diese Möglichkeit hatte ich noch gar nicht gedacht. All die Ungereimtheiten fügten sich plötzlich zu einem völlig neuen Bild zusammen. Eine gewisse Verunsicherung schlich sich nun auch bei mir ein. Andererseits, nach allem, was ich anhand von Peters Erzählungen und der Karten wußte, schien es mir als absolut ausgeschlossen, daß wir auf einem anderen Fluß als dem Birch Creek unterwegs waren.

Ich versuchte, Eva weiter zu beruhigen und widmete mich der Zubereitung des Abendessens. Das würde uns schon auf andere Gedanken bringen. Wir kochten Spaghetti mit Tomaten, Mozzarella, Petersilie und Knoblauch. Das Gericht wurde so köstlich, daß wir gar nicht aufhören konnten zu essen. Ich verschlang vier große Portionen. Anschließend konnte ich mich kaum mehr bewegen. Ohne noch weiter über unsere mißliche Lage nachdenken zu können und zu wollen, fiel ich ins Zelt und schlief ein.

Irgendwann in der Nacht wurde ich wach. Da ich einen sehr leichten Schlaf habe, hatte ich gleich gehört, daß Regentropfen auf unser Zelt fielen. "Das hat uns jetzt noch gefehlt", dachte ich. Ich ging nach draußen, um unsere Hüftstiefel abzudecken, die zum Trocknen aufgestellt waren. Eva war nun auch aufgewacht.

"Hoffentlich bekommen wir morgen ein Feuer an", sagte sie. "Meinst du, wir haben das Boot sicher genug vertäut? Durch den Regen könnte der Wasserspiegel steigen".

Über das Boot machte ich mir weniger Sorgen, da ich es diesmal gut an einem der entwurzelten Bäume hatte anseilen können. Allerdings hoffte ich sehr, daß es nicht allzu stark regnen würde, weil unser 50-Dollar-Zelt ohne die wasserdichte Extraplane solchen Anforderungen nicht gewachsen war.

"PLANET DER AFFEN"

Beim Aufstehen gegen 9:30 Uhr regnete es immer noch leicht. Das Zelt hatte aber soweit durchgehalten. Der Fluß schien nur um wenige Zentimeter gestiegen zu sein. Ich suchte unter den Büschen trockenes Holz zusammen. Es war zum Glück kein größeres Problem, es zum Brennen zu bekommen. Wir saßen am Feuer, starrten in die Flammen und warteten auf das Kochen des Wassers. Unser Blick schweifte über die kahlen Kieselbänke und abgestorbenen Bäume.

"Ein ganz schön trostloser Ort", meinte ich.

"Ja", stimmte Eva mir zu. "Aber weißt du was? Mir kommt das alles irgendwie bekannt vor. Die Gegend hier erinnert mich an den Film 'Planet der Affen'. Weißt du, die Stelle am Anfang, wo sie aus Versehen mit der Raumkapsel in dieser menschenleeren Gegend landen, und keine Ahnung haben, wo sie sein könnten."

Mir kam plötzlich ein Gedanke: "Hmm, vielleicht ist das die Erklärung!"

"Wie meinst du das?"

"Na dafür, daß der Fluß offenbar verkehrt herum fließt!"

"Was hat das mit dem Planeten der Affen zu tun?", fragte Eva leicht irritiert.

"Vielleicht haben wir einen Zeitsprung oder so was in der Art gemacht - gestern in einer der Stromschnellen. Wir sind vielleicht 1000 Jahre weiter und alles Leben ist bereits ausgestorben. Wir sind dabei praktisch übrig geblieben," sinnierte ich.

"Ja, das könnte einiges erklären, aber irgendwie ..." Eva starrte angestrengt nachdenkend auf den Fluß. Schließlich fragte sie: "Wieviele Jahre der Menschheitsgeschichte braucht ein Fluß, um seine Fließrichtung zu ändern?"

"Keine Ahnung. Eigentlich kann ich mir nicht vorstellen, daß ein Fluß überhaupt irgendwann seine Richtung umkehrt."

"Dann ist also noch mehr schiefgegangen. Wir sind nicht nur in einer anderen Zeit, sondern auch noch auf einem anderen Fluß gelandet."

"Vielleicht sogar auf einem anderen Planeten", warf ich ein.

"Unsere Karten können wir dann wohl wegschmeißen. Meinst du, wir können den Kompaß noch gebrauchen?"

"Kommt drauf an, ob dieser Planet hier so eine Art Nordpol hat."

"Hol doch mal den Kompaß raus!", sagte sie zu mir.

Wir fixierten gebannt die Nadel. Sie zeigte in die gleiche Richtung wie am Abend zuvor. "Seit gestern Abend hat sich das Magnetfeld offenbar nicht geändert. Wir können also mal einen kleinen Orientierungsmarsch auf den Berg hinter uns machen, um uns die ganze Sache von oben anzusehen", schlug ich vor. "Aber vorher brauchen wir noch ein kräftiges Frühstück."

Wir freuten uns, als plötzlich aus den Wolken die Sonne hervorbrach. Ein heißer Kaffee half uns, wieder in die Realität zurück zu finden. In der Zwischenzeit war auch das Zelt getrocknet. Nach dem Frühstück packten wir unsere Daypacks für einen mehrstündigen Ausflug und machten uns in südliche Richtung auf den Weg zu dem 2 bis 3 km entfernt gelegenen Bergrücken. Wir gingen zunächst durch das ausgetrocknete Flußbett und stießen bald auf zahllose quer liegende Baumstämme, über die wir klettern mußten.

Nach anstrengenden 500 m war unsere Expedition abrupt beendet. Wir konnten es nicht fassen, aber vor uns lag ein Fluß, der genau in die andere Richtung floß!

"Na toll, das wird dann wohl der Birch sein", sagte Eva.

Ich konnte das einfach nicht glauben. Mit zittrigen Händen breitete ich die Karte auf den Kieseln aus. Da dieser Fluß große Ähnlichkeit mit dem Gewässer hatte, von dem wir gerade gekommen waren, war ich mir ziemlich sicher, daß es sich um ein und denselben Fluß handeln mußte. Ich erklärte Eva meine Vermutung, daß der Fluß wahrscheinlich westlich von uns eine 180°-Kurve gemacht hatte. Wir mußten jetzt nur eine entsprechende Stelle auf den Karten finden. Tatsächlich gab es so eine Konstellation auf allen fünf Karten nur einmal. Das mußte sie sein! Nach knapp vier Tagen konnten wir uns zum ersten Mal zweifelsfrei orientieren! Wir wußten endlich wo wir waren! Die Tatsache, daß wir nun auf einem Stück Papier mit dem Finger auf einen Punkt zeigen konnten, der unserem Standort entsprach, war ungemein erleichternd.

Ein fernes Donnern riß uns aus unserer Freudenstimmung heraus. Ein Gewitter schien aus den Bergen aufzuziehen. Eva befürchtete gleich wieder das Schlimmste: "Da kommt ein Unwetter auf uns zu. Wir sollten schnell zurück und das Zelt abbauen".

Ich war nicht ganz überzeugt, folgte aber ihrem Gefühl. Vom immer stärker anschwellenden Donnergrollen angetrieben bauten wir in aller Hektik das Camp ab. In letzter Minute konnten wir noch gerade alles im Boot wasserdicht verpacken und unsere Regensachen anziehen. Dann begann es, wie aus Eimern zu schütten, und ein Sturm zog auf. Alle Vögel verstummten, selbst die Moskitos waren wie weggefegt.

Wir versuchten, etwas Schutz vor dem peitschenden Regen zu finden und kauerten uns hinter einen der kleinen Weidenbüsche, die auf der Kieselbank wuchsen. Die Wildnisromantik war mit einem Schlag zunichte gemacht. Sorgenvolle Gedanken gingen mir durch den Kopf: Was sollten wir tun, wenn es jetzt stundenlang weiterregnen würde? Noch schlimmer, was wäre, wenn es am Abend und in der Nacht immer noch regnete? Wie lange würde die Kleidung uns trocken halten? Wäre es möglich, in strömendem Regen ein Feuer anzuzünden?

Dieser Ort wirkte mit einem Mal noch unheimlicher - ja, beinahe schon feindselig. Das mächtige Donnern des Gewitters wurde in dem Talkessel so verstärkt, daß es einem durch Mark und Bein ging. Da hockten wir nun wie zwei ausgesetzte Kinder neben einem armseligen Strauch und sahen uns ernsthaft besorgt an. Wir bekamen jetzt eine eindrucksvolle Vorstellung davon, wie erbarmungslos "Mutter Natur" sein konnte und fühlten uns klein und hilflos. Nach einer guten viertel Stunde wurde der Regen ein wenig schwächer. Wir beschlossen, trotz des Regens weiterzupaddeln. Schließlich wußten wir jetzt, daß wir noch immer auf Karte 1 waren und endlich mal "Strecke machen" mußten.

Als letzte Bestätigung unserer Orientierung sahen wir im Scheitelpunkt der 180°-Kurve von rechts den auf der Karte eingezeichneten Melbourne Creek einmünden. Es handelte sich um ein winziges Bächlein, das zwischen hohem Gras und Schilf leicht zu übersehen war. Wir hatten unser Camp also tatsächlich auf einer Halbinsel errichtet, und was wir gestern für eine ausgetrocknete Einmündung eines großen Zuflusses gehalten hatten, war in Wirklichkeit eine Art Abkürzung gewesen, die der Birch bei Hochwasser über die Halbinsel nahm!

Über größere Strecken war der Fluß nun zunächst gut zu befahren, und wir waren froh, bei dem Wetter nicht auch noch dauernd ein- und aussteigen zu müssen. Schweigend paddelten wir vor uns hin. Jetzt im Regen wirkte die Landschaft kühl und abweisend. Es war kein Lichtschein mehr auf uns gerichtet. Wir fühlten uns verloren in der unendlichen Weite des immer gleich erscheinenden nassen Graus. Selbst die Kieselbänke fügten sich in das Bild der feindlichen Natur und stellten keinen Zufluchtsort mehr dar. Mit dem steten Rhythmus unseres Paddelschlages kämpften wir gegen unsere deprimierte Stimmung an. Mir drängte sich die Frage auf, was wir hier eigentlich verloren hatten. Aber es gab nur einen Weg hier heraus und den mußten wir nun durchhalten, komme was wolle.

Die Natur sollte noch weitere Prüfungen für uns parat halten. In einer Kurve konnten wir einem im Wasser liegenden Baum nicht richtig ausweichen und fuhren uns in der Baumkrone fest, die aus dem Wasser ragte. Die Strömung war stark und das Wasser mal wieder zu tief zum Aussteigen. Wir mußten unbedingt verhindern, daß sich das Boot quer zur Strömung stellte, weil dies wieder höchste Kentergefahr bedeutet hätte. Eva hatte die aus meiner Sicht waghalsige Idee, sich im Boot sitzend an den Ästen nach vorn zu ziehen und das Kanu auf der anderen Seite des Stammes wieder ins Wasser kippen zu lassen. Das klappte tatsächlich!

Wir kamen schließlich an eine Stelle, wo sich der Fluß zum ersten Mal eindeutig teilte, links schmal und ruhig, rechts breiter und mit mehr Strömung. Wir nahmen die rechte Abzweigung, was uns erneut fast zum Verhängnis wurde. Es war eine Art Déjà-vu-Erlebnis der Situation vom zweiten Tag: Eine starke "Rutsche" mit nachfolgender 90°-Rechtskurve. Der Unterschied war, daß jetzt gleich mehrere große Bäume im Fahrwasser lagen.

Außerdem führte der Fluß jetzt mehr Wasser und war entsprechend reißender. Mir schoß ein Hitzeschwall in den Kopf. Diese Stelle sah dermaßen übel aus, daß ich sie auf keinen Fall befahren wollte. Wild entschlossen, die Weiterfahrt zu verhindern, schafften wir es, uns 15 m vor der abschüssigen Stelle an einem der ersten umgestürzten Bäume festzuhalten. Ich sicherte das Boot hinten zusätzlich mit einem Gummizug. Vorerst gerettet!

Eva hatte die Idee, sich zum nächsten Baum weiterzuhangeln, um von dort näher ans Waldufer zu gelangen. Aus meiner Sicht unmöglich, weil wir dann schon zu stark in die Strömung geraten wären. Ich stand vorsichtig auf und balancierte über den Baumstamm ans Ufer. Während ich die Gefahrenstelle inspizierte, hielt Eva das Boot weiter am Baum fest. Ich kam zurück und erklärte Eva meinen Plan: Wir mußten notgedrungen versuchen, das Boot von dem Ufer aus, an dem wir lagen, um die Bäume herumzutreideln. Ich nahm das Heckseil des Bootes und überredete Eva, mit ihrem Seil in der Hand nun ebenfalls über den glitschigen Baumstamm ans Ufer zu klettern.

Wir mußten das Boot an mehreren Bäumen vorbeimanövrieren. Dabei mußten wir manchmal eines der Seile ins Wasser werfen und das Boot im Fluß durch die Strömung drehen lassen, weil wir sonst nicht mit den Seilen an den hochragenden Ästen der Bäume vorbeigekommen wären.

Nach dieser nervenaufreibenden Prozedur warfen wir im Vorbeifahren noch einen Blick auf die Insel, die sich zwischen den beiden Flußarmen gebildet hatte. Sie erinnerte an Robinson Crusoe und lud zum Auskundschaften ein - bei dem noch immer anhaltenden Nieselregen aber kein so verlockendes Unterfangen. Als wir an die Stelle kamen, an der sich die beiden Arme wieder vereinigten, sahen wir, daß der andere Weg viel kürzer und völlig problemlos gewesen wäre...

Nach längerer Fahrt im Dauerregen fühlten wir uns zunehmend naß und kalt. Evas Po war mittlerweile trotz "wasserdichter" Regenhose vom Sitzen auf der nassen Bootsbank feucht geworden und in meinem rechten Stiefel stand Wasser - ich hatte mir bereits gestern an irgendeinem Ast ein Loch hineingerissen. Wir sehnten uns nach einem wärmenden Feuer. Nur, würden wir bei diesem Regen überhaupt eines zustande bringen? Außerdem gab es ausgerechnet jetzt nur noch wenige Kieselbänke mit ausreichenden Mengen von Treibholz. Der Fluß wies in diesem Abschnitt ein relativ tiefes, mit Wiesen oder Wald gesäumtes Bett auf.

Wir machten eine kurze Rast und stärkten uns mit Beef Jerkeys und Schokoriegeln. Endlich ließ der Regen nach. Ich zog meine Stiefel aus und paddelte barfuß weiter.

Wir passierten nun zwei Kurven, vor denen uns Peter gewarnt hatte. Doch im Vergleich zu den bisherigen Gefahrenstellen waren sie überraschend harmlos - ob das am Wasserstand lag?

Gegen 18:30 Uhr erspähten wir endlich eine vielversprechend aussehende Kieselbank. Wir stellten schnell fest, daß sie nicht nur zum Campen optimal geeignet, sondern auch wunderschön war. Die große, langgestreckte Kiesfläche ermöglichte einen guten Überblick. Auf der anderen Seite des Flußufers erstreckte sich eine weite Tundra-Ebene und in unserem Rücken lag ein Hügel. Wir fanden zwei alte Feuerringe und zu unserer Überraschung eine volle Dose Bier! In Anbetracht des etwas verblichenen Schriftzuges "Miller Draft" schien sie aus dem letzten Jahr zu stammen.

Die Natur stimmte uns dann vollends versöhnlich, als beim Holzsuchen sogar die Sonne hervorkam und wir unsere Sachen trocknen konnten. Das Anzünden des Feuers war nicht so schwierig wie erwartet. Trotz des mehrstündigen Regens war das Holz im Kern noch halbwegs trocken.

Evas Laune war so gestiegen, daß sie übermütig eine Fotoserie schoß. Erneut versuchte ich mich eine knappe Stunde erfolglos im Angeln. Doch auch der Wechsel von Blinker auf Fliege und Schwimmer hatte nichts bewirkt. Trotzdem gab es ein sehr leckeres Abendessen: Eine Gemüsepfanne mit Tomaten, Paprika, Zwiebeln, Knoblauch und Kräutern der Provence, dazu gekochten Reis. Ich hatte inzwischen richtig Gefallen an der Wildnisküche bekommen: in grobe Stücke geschnittenes Gemüse, alles zusammen in die schwere gußeiserne Pfanne geworfen, über großer Hitze das Ganze ein paar Minuten knackig "flambiert", großzügig gewürzt, dazu das Aroma des Feuers und Evas Begeisterung, wenn es ihr wie immer schmeckte - das hatte etwas!

Gegen Mitternacht zogen wir uns erschöpft ins Zelt zurück und schliefen sehr gut. Ich hatte in den vergangenen Tagen zunehmend Schmerzen im Bereich der Nackenwirbel bekommen. In dieser Nacht war ich von meiner sonst als Kopfkissen dienenden Fleecejacke auf eine kleine Packtasche umgestiegen, die ich mit Kleidungsstücken ausgestopft hatte, was etwas besser funktionierte. Gleichwohl, die praktische Bedeutsamkeit mancher Utensilien hatten wir trotz unserer akribischen Vorbereitung doch noch unterschätzt, wie zum Beispiel ein einfaches aufblasbares Kopfkissen oder eine gute Handcreme.

In den frühen Morgenstunden wurde es sehr kalt und wir mußten uns komplett in unsere Kapuzenschlafsäcke einrollen.

WILDNISKOLLER

Ich wachte morgens gegen 8:00 Uhr von eigentümlichen Geräuschen auf. Es hörte sich an, als ob in großer Höhe wiederholt Düsenflugzeuge über uns vorbeiflogen. Konnte es sein, daß hier Flugrouten für Verkehrsmaschinen verliefen? Vielleicht war es auch nur ein entferntes Donnergrollen des gestrigen Gewitters. Ich döste vielleicht noch eine Stunde im Halbschlaf vor mich hin, da wurde es im Zelt schon wieder so unangenehm heiß, daß ich beschloß aufzustehen. Auch Eva war inzwischen wach geworden.

Unser erster Blick beim Hinausschauen galt stets dem Kanu. Ich öffnete den Reißverschluß und sah zum Fluß hinüber. Ein plötzlicher Schreck durchfuhr mich: Das Boot war weg! Peters Warnung schoß mir durch den Kopf: Durch starke Regenfälle in den Bergen könne der Wasserstand des Flusses über Nacht schnell um einen Meter steigen! In seiner Anfängerzeit war ihm selbst einmal auf diese Weise das Boot abgetrieben worden. Wir hatten unser Kanu am Abend zuvor soweit es ging auf die Kieselbank hinaufgezogen, jedoch keine Möglichkeit zum Vertäuen gefunden. Ich sprang in heller Aufregung aus dem Zelt. Ein Glück, da lag es - noch immer an der gleichen Stelle. Ich hatte nur den Ankerplatz falsch in Erinnerung. Ich ging zum Fluß, um den Stock zu überprüfen, den ich am Abend zuvor ins Ufer gesteckt hatte. Der Wasserstand war tatsächlich über Nacht gestiegen, aber nur um etwa 20 cm.

Mittlerweile von diesem Schock hellwach, nahmen wir ein ausgiebiges Bad im Fluß. Wie durch ein Wunder gab es kaum Moskitos. Anschließend machten wir wieder ein großes Feuer für unser Kaffeewasser. Beim Frühstück planten wir den bevorstehenden Tag. Eva wollte zuerst die kräftige Sonne nutzen, um einige Kleidungsstücke zu waschen. Danach beabsichtigten wir, den hinter uns liegenden, etwa 150 m hohen Hügel zu besteigen, von dem wir uns einen guten Rundumblick über den Flußlauf und die Landschaft erhofften. Bevor es losging, mußten wir noch unser Camp mitsamt Zelt abbauen, weil stärkerer Wind aufkam.

Um 15:00 Uhr brachen wir auf. Wieder einmal gestaltete sich das Unternehmen schwieriger als erwartet. Am Fuß des Hügels lag ein fast undurchdringliches Dickicht. Während wir durch das Gesträuch kletterten und die Büsche und Äste mit den Füßen oder bloßen Händen beiseite halten mußten, legten sich Tausende Moskitos wie eine schwarze Wolke um jeden von uns. Hier hielten sich die Biester also versteckt. Die Mücken stachen wie wild auf uns ein und ließen sich auch von langen Hosen und Hemden kaum abhalten. Zum Glück hatten wir unsere Moskitohauben. Es blieb uns nichts anderes übrig, als uns erneut mit Muskol einzureiben, das wir jedoch für diese kleine Wanderung gar nicht eingepackt hatten. Wir öffneten Evas Survival-Kit und opferten das darin vorhandene Notfallfläschchen. Nachdem wir das Dickicht überwunden hatten, wurde es schnell sehr steil und wir sackten ständig knietief in das weiche Moos ein.

Nach einem Drittel der Strecke wollte Eva nicht weiter gehen und fing an zu lamentieren. Unter dem mörderischen Eindruck der Moskitoscharen und dem äußerst beschwerlichen "Durch-die-Büsche-Schlagen" erschien ihr der Sinn der Strapazen zunehmend fragwürdig. Ich motivierte sie immer wieder zum Weiterklettern, denn ich hatte ein Ziel: Ich wollte unseren Birch endlich mal von oben sehen - und dafür mußte man eben einen Preis zahlen.

Nach zahlreichen Stops, bei denen Eva jedes Mal klagte, daß sie nicht weiter könne, kamen wir nach einer Dreiviertelstunde oben an. Das Panorama war wirklich lohnenswert. Ich setzte mich auf ein Mooskissen, lauschte der Natur und bat Eva, sich zu mir zu setzen. Sie wollte aber nicht sitzen und schon gar nicht in Ruhe. Statt dessen klingelte sie immer wieder mit ihren Bärenglöckchen, um meilenweit alle Tiere über unseren Standort zu informieren. Als nach zehn Minuten noch immer weit und breit kein Hinweis auf einen Bären zu finden war, setzte auch sie sich endlich hin.

Ich hatte inzwischen unsere Flußkarten und den Kompaß ausgepackt und versuchte wieder einmal unsere Position zu bestimmen. Es war wie verhext: Obwohl wir den Flußlauf unmittelbar vor uns hatten und sogar einen Nebenfluß des Birch sahen, schien diese prägnante Stelle auf der Karte einfach nicht zu existieren. Wir hatten ja schon öfter den Eindruck gehabt, daß die aus den 50er Jahren stammenden Karten zum Teil nicht mehr stimmten.

Wenn auch die Orientierung nicht ganz gelang, so bot die Aussicht von dem Hügel zumindest die Gelegenheit, mit dem Fernglas einmal in der weiten Ebene vor uns nach Tieren Ausschau zu halten. Ich suchte die gesamte Umgebung gründlich ab, konnte jedoch - außer uns und den Moskitos - keine weiteren Lebewesen entdecken. Da sah ich plötzlich am Himmel über

Der Birch Creek von oben

uns die Ursache für das Donnern, das ich schon mehrmals am Morgen gehört hatte: Es waren tatsächlich Flugzeuge - zwei vierstrahlige Kampfjets auf Übungsflug!

Ungläubig reichte ich Eva das Fernglas. Als diese das Glas vor ihre Brille hielt und meinte, sie könne nichts sehen, verlor ich irgendwie die Nerven. Ich schrie sie an, sie solle die Brille abnehmen und die Gläser auf ihre Sehschärfe einstellen. Sie könne ja gar nichts sehen, wenn sie das Glas 5 cm entfernt vor ihren Augen halte. Eva faselte immer wieder etwas von Astigmatismus, was ich überhaupt nicht verstand.

Bevor ich mir über mein eigenes merkwürdiges Verhalten klar wurde, hatten wir bereits den ersten Streit. Vielleicht war es eine leichte Form des Wildniskollers, den so mancher in der Einsamkeit erleidet. Zum Glück währte unser Disput nicht sonderlich lange, und wir kamen sehr schnell wieder zur Vernunft. Schließlich saßen wir ja im wahrsten Sinne des Wortes in einem Boot. Wir sahen dann noch beide (jeder auf seine Weise) durch das Fernglas, entdeckten aber kein einziges Tier weit und breit.

Der Abstieg ging erheblich schneller, aber man mußte sehr aufpassen, in dem Gestrüpp nicht umzuknicken oder zu stolpern. Gegen 18:00 Uhr setzten wir uns wieder in unser Kanu und verließen diese schöne, aber laut Karte eigentlich gar nicht existierende Kieselbank.

Wir waren nun sehr gespannt auf die beiden großen Gefahrenstellen Twin Rapids und Nirwana Falls, die nach unserer derzeitigen Orientierung nur wenige Kilometer entfernt vor uns lagen. Zu unserer Überraschung konnten wir beide Stromschnellen ohne zu treideln befahren. Wir wurden hinsichtlich unserer Position wieder unsicher, aber zu unserer Bestätigung kam von rechts ein breiter

Schneeufer

Zufluß, den wir für den Wolf Creek hielten. Auf den laut Karte kurze Zeit später von links einmündenden Thomas Creek warteten wir jedoch vergeblich. Erst später sollten wir herausfinden, daß wir gerade erst Clums Fork passiert hatten und somit eine halbe "Kartenlänge" (der insgesamt fünf Karten) weniger weit gekommen waren, als wir glaubten!

Während wir jetzt mit keinen wesentlichen Hindernissen mehr rechneten, gerieten wir auf eine etwa 500 m lange Gefällstrecke mit zahlreichen großen Felsbrocken und starkem Wellengang. Die "Abfahrt" glich einer Wildwasserstrecke in einem Vergnügungspark, mit dem Unterschied, daß es an uns lag, ob wir kenterten oder nicht. Zum Glück hatten wir mittlerweile einige Routine im Steuern des Kanus erworben. Eva rief immer laut die Hindernisse aus, die sie als Frontfrau auf uns zukommen sah, während ich versuchte mit entsprechenden Steuerschlägen auszuweichen. Obwohl wir das Boot durch Gewichtsverlagerungen weitgehend in der Horizontale halten konnten, trat durch die zum Teil meterhohen Wellen immer wieder Wasser über den Bordrand.

Am Ende dieser rasanten Fahrt vernahmen wir ein beängstigendes Rauschen. Gerade noch rechtzeitig erblickten wir die 120°-Linkskurve vor einer Felswand, in deren Mitte meterdicke Felsbrocken direkt unter der Wasseroberfläche lagen und hohe Schwalle verursachten. Wir treidelten die Stromschnelle und nutzten

In einer Stromschnelle

die Unterbrechung, um am Ufer eine Pause einzulegen. Warum hatte uns Peter auf diese Gefahrenstelle nicht hingewiesen?

Ich machte einige Fotos und zusätzlich auch eine Kassettenaufnahme, um das mächtige Rauschen zu konservieren. Den kleinen Walkman mit eingebautem Mikrofon hatte ich ursprünglich in der Absicht mitgenommen, nächtliches Wolfsgeheul aufzunehmen'. Doch davon waren wir zu meinem Bedauern - oder auch zum Glück? - bisher verschont geblieben.

Erneut hielt ich die Angel ins Wasser - zum x-ten Male ohne Ergebnis.

Wieder kein Glück

Bei der Weiterfahrt tauchten an den Ufern rechts und links mehr und mehr kleinere Felsen auf. Wir glaubten, nun schon den sogenannten Canyon erreicht zu haben. In einem größeren, tieferen Becken machte ich noch einmal einen Angelversuch vom Boot aus. Da auch hier kein Fisch anbiß, befestigte ich schließlich die Rute mit einem Blinker als Schleppangel im Heck und wir fuhren weiter. Resultat: weiterhin keine Spur von Fischen.

Mittlerweile hatten wir 22:00 Uhr und es fing an, auf dem Wasser ungemütlich zu werden. Die Sonne war hinter den eng stehenden, etwa 1.000 m hohen Bergen verschwunden und Feuchtigkeit stieg auf. Auf der Wildwasserstrecke waren wir ohnehin schon naß geworden.

Wir hielten nach einem Lagerplatz Ausschau, aber in dem engen Tal gab es kaum Kieselbänke. Plötzlich hörten wir erneut ein ungewöhnlich starkes Rauschen. Wir waren jedoch zuversichtlich, daß dies nichts Gravierendes bedeuten könne, da wir die gefährlichsten Stromschnellen ja schon passiert hatten. Wegen der fortgeschrittenen Tageszeit wollten wir auch keine Zeit verlieren. Also hielten wir geradewegs auf das Rauschen zu.

Als wir begriffen, worum es sich handelte, war es bereits zu spät. Rechts, links und in der Mitte eines felsigen Engpasses lagen riesige Felsblöcke im Wasser. Soweit wir in unserer Panik und dem schattigen Licht erkennen konnten, bildeten sie eine mindestens ein Meter hohe Wasserstufe. Zwischen den Felsen befanden sich verschiedene

Nirwana Falls

Durchlässe, wobei der größte von ihnen gerade mal zwei Meter breit war. Jetzt gab es nur noch eins: Zu versuchen, diesen Durchlaß zu erwischen und dabei das Boot gerade zu halten. Ein paar kurze Steuerschläge in letzter Sekunde brachten das Kanu genau in die Mitte der Durchfahrt. Mit einer rasanten Beschleunigung wurden wir zwischen den bedrohlich nahen Felsblöcken hindurch katapultiert. Das Boot tauchte tief mit dem Bug ein und füllte sich im Bruchteil einer Sekunde mit Wasser. Sollten wir jetzt endgültig kentern? Nein! Wir konnten das vollgelaufene Boot erstaunlicherweise gerade halten und steuerten mit einer großen Menge Adrenalin im Blut einen kleinen Sandstrand am linken Ufer an.

Dort hatte sich ein großer Wasserkreisel gebildet, der im Laufe der Jahre erhebliche Mengen Treibholz angespült hatte - optimal für ein wärmendes Feuer. Diese Notwendigkeit hatten offensichtlich schon andere vor uns gesehen: Wir fanden eine relativ frische Feuerstelle und abermals Fußspuren von Hüftstiefeln sowie ältere Elch- und Bärenspuren. Während Eva das Boot leerschöpfte, entfachte ich ein ordentliches Feuer. Um Eva eine kleine Freude zu bereiten, baute ich ihr eine Sitzbank aus zwei Astgabeln und einem Baumstamm. Wir trockneten uns am Feuer und entschieden uns, hier zu campen.

Als Nachtmahl gab es Spaghetti mit Tomatensoße, dazu wie immer zwei Döschen Budweiser. Zum Durchwärmen tranken wir als Nachtisch noch jeder einen heißen Becher Grog. Es war schließlich 2:00 Uhr morgens, als wir in unsere Schlafsäcke krochen. Die Nacht wurde sehr kalt - laut Thermometer 0°.

RAPIDS

Die Morgensonne wärmte das Zelt wieder auf. Nach der eiskalten Nacht genossen wir sie in unseren Schlafsäcken liegend noch bis etwa 11:00 Uhr. Zum Frühstück brieten wir uns zünftige Spiegeleier mit Speck - schmackhaft und stärkend! Leider wimmelte es hier nur so von Moskitos, was die Erledigung einiger grundlegender menschlicher Bedürfnisse fast unmöglich machte.

Eva entdeckte jedoch, daß es in der Nähe der Felsen bei der Stromschnelle recht windig war, was Moskitos gar nicht mögen. Sie nutzte dies, um sich in aller Ruhe im Fluß zu waschen. Schließlich war man hier draußen ja ganz allein! Danach setzten wir uns beide auf die Felsen und schrieben weiter an unserem Tagebuch.

Als wir zufällig einmal flußaufwärts schauten, nahmen wir etwas äußerst Irritierendes wahr. Rund 300 m entfernt bewegten sich einige bunte Punkte auf uns zu. Wir brauchten einen Moment um zu begreifen, daß es sich um drei Menschen handelte, die zwei Boote neben sich her zogen. Wir waren perplex. Im ersten Moment hätten wir es fast für wahrscheinlicher gehalten, daß uns drei Bären in erbeuteten Gore-Tex-Jacken entgegen kamen. Wir waren beide in seltsamer Weise aufgeregt. Schließlich gingen wir den Leuten entgegen und begrüßten sie, wobei Eva zuvor noch schnell ihre schmutzige Wäsche wegräumte.

Die drei stellten sich vor: John aus Fairbanks mit seinem ungefähr 18jährigen Sohn Tasco sowie seinem Bruder Dale aus New Jersey. Sie waren mit einem "Old-Town"-Zweier-Kanadier und einem aufblasbaren Gummikajak unterwegs.

Ihre erste Frage an uns war, ob wir Hilfe bräuchten. Unser Boot und unsere Ausstattung waren hinter den Felsen für sie nicht zu sehen. Sie hatten daher angenommen, daß wir in der Stromschnelle unser Boot verloren hätten. Wir erklärten ihnen die Umstände.

Sie zeigten sie sich sehr beeindruckt, daß wir dort am Abend zuvor in unserem vollgepackten Kanadier hindurchgefahren waren. Nachdem sie die Stelle ausgiebig inspiziert hatten, treidelten sie ihren Kanadier am Ufer entlang. Anschließend fuhr John in dem leeren Gummikajak die Stromschnelle hinunter. Dies schien ihm einen solchen Spaß zu machen, daß die drei nun mehrmals das Kajak den Fluß wieder hoch zogen und abwechselnd durch die Stromschnelle fuhren.

Das Vergnügen blieb sogar ungetrübt, als Dale bei seinem Versuch aus dem Kajak fiel und Tasco in den Fluß springen mußte, um das Boot wieder einzufangen. Mit verzücktem Gesicht fragte Dale immer wieder begeistert: "Isn't this a wonderful river?"

Ihr Angebot, doch auch mal in ihrem Gummikajak durch die Stromschnelle zu fahren, lehnten wir dankend ab, zumal wir im Gegensatz zu ihnen nicht über Neopren-Kleidung verfügten.

Nachdem sich das Trüppchen ein wenig ausgetobt hatte, erzählte uns John mit Stolz, daß er den Birch Creek schon viermal befahren habe. Beeindruckt fragten wir ihn, ob er uns auf der Karte unseren Standort zeigen könne.

Tasco in den Twin Rapids

"Na klar, kein Problem!", antwortete er. Es stellt sich dann aber schnell heraus, daß die drei nicht die leiseste Ahnung hatten, wo wir uns befanden. Richtig verblüfft waren wir dann, als sie gestanden, daß sie mit dem Kompaß eigentlich nicht so recht umgehen konnten. John und Dale meinten schließlich, daß sie mehr nach Zeitgefühl führen - täglich ungefähr eine Karte.

Sie seien vor zwei Tagen losgefahren und wollten in drei Tagen am Ausstiegspunkt sein! Ihre Taktik bestand einfach darin, jeden Tag möglichst viel Strecke zurückzulegen.

Dabei fuhren sie mit dem Kajak voraus, um Gefahrenstellen zu erkunden, bevor sie diese mit ihrem Kanadier passierten. Trotzdem waren sie am Vortag an der Stelle mit der scharfen Rechtskurve und den vielen umgestürzten Bäumen gekentert. Dabei hatten sie ihre Angel, eine Moskitohaube (!) und einige weitere Dinge in den Fluten verloren.

Wir sprachen noch über Bären, und John vergewisserte sich, ob wir mit Bärengas "bewaffnet" seien. Er hielt unsere Bärenglöckchen für eine gute Idee. Ihr Klingeln hätten sie bereits aus einigen Hundert Metern Entfernung gehört, noch bevor sie uns hätten erblicken können. Allerdings waren auch sie bisher keinen Tieren begegnet. Andere Kanuten hatten sie auf ihrer rekordverdächtigen Schnellfahrt bis jetzt übrigens auch noch nicht angetroffen.

"Anyway", versichert uns John, "ab jetzt kommen keine größeren Schwierigkeiten mehr. Diese Stelle hier ist bekannt, aber nun wird es ruhiger."

Als die drei weiterfuhren, schenkten wir ihnen zum Abschied noch eine Packung Bacon und wünschten ihnen viel Glück beim Erreichen ihres ehrgeizigen 5-Tage-Zieles. Wir sahen dem Team noch hinterher und wunderten uns darüber, daß sie nach 500 m schon wieder links anlegten...

Gemächlich packten wir unsere Sachen und legten ebenfalls ab. Nach einigen Minuten war ein immer stärker anschwellendes Rauschen zu hören. Vorgewarnt durch die anderen, steuerten auch wir das linke Ufer an. Verwundert begutachteten wir die nächste große Stromschnelle.

"Na ja", dachten wir, "diese Stelle hatte John wohl vergessen." Wir treidelten das Boot in einem

Treideln an den Rapids

komplizierten Manöver an zahlreichen, verstreut liegenden Felsbrocken vorbei. Die Schwierigkeit bestand darin, daß wir im reißenden Wasser auf äußerst glitschigen Felsen herumbalancieren mußten. Aber nun waren wir endgültig guten Mutes, ab jetzt ruhigeren Zeiten entgegen zu paddeln. Dieser Trugschluß hätte größer nicht sein können...

Der Birch floß zunächst etwa 2 km wirklich gemächlich vor sich hin.

"Martin, hörst du auch dieses Rauschen?", fragte Eva plötzlich. Ich hatte es auch bemerkt. Die Quelle dieses Geräusches mußte relativ laut sein, denn wir konnten auf den nächsten 200 m nichts ausmachen, was als Ursache in Frage käme. Das Rauschen wurde stärker. Eine weitere größere Stromschnelle konnte nach unserer felsenfesten Überzeugung einfach nicht existieren. Unentschlossen ließen wir uns weiter treiben - wir konnten ja nicht ahnen, was da auf uns wartete. Das Rauschen hatte sich inzwischen zu einem Tosen gesteigert. Mit einem Mal merkten wir schockiert, daß der Fluß 30 m vor uns in einer Linkskurve irgendwie aufzuhören schien.

Verdammt, was war hier los? Panik stieg auf. Verzweifelt starteten wir ein Anlegemanöver. Wir konnten nicht lange überlegen. Das vor der Kurve liegende rechte Ufer sah ruhiger aus. Eine Fehlentscheidung: auf dieser Seite war das Wasser tief, die Strömung stark und die Böschung steil. Wir konnten das Boot zwar noch stromaufwärts drehen, schafften es aber nicht mehr, gegen die immer stärker werde Strömung anzupaddeln. Zu allem Überfluß hatte sich bei der Wendung die Schnur der Schleppangel irgendwo verfangen und um Evas Hals geschlungen. Eva schrie. Chaos. Die Schnur riß ab. Jetzt trieben wir rückwärts auf den Abgrund zu. Es blieben nur wenige Sekunden. Ich drehte mich kurz um. Dieser Abgrund sah höllisch aus, und alle meine Sinne sträubten sich, dort rückwärts hinein zu fahren.

Zum letzten entschlossen, sprang ich ins Wasser. Ich wußte nicht, wie tief es dort war, aber ich hatte die Absicht, das Boot im Stehen vor der Stufe festzuhalten. Ich bekam aber nur stellenweise Grund unter die Füße und die Strömung war einfach zu stark. Wenigstens konnte ich das Boot noch in Fahrtrichtung drehen. In diesem Moment kippte es

Nirwana Falls von oben

Nirwana Falls von unten

auch schon über den 1,50 m hohen Wasserfall. Eva ergab sich vorne sitzend mit erhobenem Paddel ihrem Schicksal. Ich klammerte mich hinten am Bootsrand fest und rutschte hinterher.

Als ich wieder auftauchte, sah ich, daß weitere Stufen bevorstanden. Ich wollte unbedingt versuchen, das Boot gerade in der Strömung zu halten, denn ein Querstellen zwischen diesen Felsblöcken wäre fatal gewesen. Eva drehte sich kurz um und warf mir einen entsetzten Blick zu. Dann ging es schon wieder abwärts. Ich konnte mich weiter am Boot festhalten. Überall waren Felsen. Ich stieß mir die Beine an und hoffte nur, daß ich mich nicht irgendwo einklemmen würde. Eva versuchte jetzt heldenhaft, vom Bug aus mit dem Paddel zu steuern. Nach einer weiteren Stromschnelle beruhigte sich das Wasser endlich. Ich mußte jetzt schleunigst aus den eiskalten Fluten herauskommen, aber links und rechts in dem tiefen Wasser waren Felswände. Mit letzter Kraft schaffte ich es, mich aus dem Wasser heraus in das vollgelaufene Boot zurück zu hieven.

Nach ein paar hundert Metern sahen wir eine kleine Sandbank zum Anlegen. Wir standen beide noch unter Schock.

"Komm", sagte Eva, "du mußt dir jetzt erst mal trockene Sachen anziehen, sonst holst du dir 'ne Unterkühlung." Ich fing an, meine Kleidung zu wechseln.

"Sag mal, warum bist du eigentlich aus dem Boot gesprungen?", fragte sie.

"Na, ich wollte es noch festhalten. Stell' dir mal vor wir wären da rückwärts runtergefahren!"

"Ja, das wäre wahrscheinlich übel ausgegangen." Beeindruckt von meinem mutigen Rettungsversuch sah sie mich an. "Aber weißt du was? Ehrlich gesagt dachte ich im ersten Moment, du wolltest einfach Deinen Arsch retten."

Wir mußten beide lachen.

"Wie hast du es eigentlich geschafft, im Boot sitzen zu bleiben?", fragte ich.

"Ich wußte einfach nicht, was ich sonst machen sollte. Als du gesprungen bist, habe ich kurz überlegt, ob ich auch rausspringen soll. Aber es ging ja alles so schnell und du hast ja nichts mehr gesagt. Nach der ersten Stufe dachte ich, jetzt ist alles vorbei. Aber dann hab' ich gesehen, daß du noch wie ein Otter hinten dran hingst und hab' gepaddelt wie eine Wahnsinnige."

"Ja, das hab' ich gesehen. Ich hab's nicht mehr geschafft, dir irgendwas zuzurufen. Eh ich mich's versah, bin ich schon den Wasserfall runtergesaust. Ich glaube, ich war so eine Art Ruder. Deswegen ist das Boot wahrscheinlich auch nicht umgekippt. Ich hatte nur immer Angst, daß ich mir irgendwo ein Bein einklemme. Ich bin ein paar Mal gegen Felsen geschlagen."

"Oh Mann, da hättest du dich ja ganz schön bei verletzen können. Und stell' dir mal vor, das Boot hätte sich zwischen den Felsblöcken verkantet!"

Wir hatten ganz offensichtlich richtig Glück gehabt. Dies war wohl eine dieser Situationen gewesen, in der man sein Boot verlieren konnte.

Eva fing an, das Boot leer zu schöpfen. Ich beschloß, mit der Kamera zurückzugehen, um Aufnahmen von der Gefahrenstelle zu machen. Das Ufergelände war sehr unwegsam, und ich brauchte für den Weg länger als erwartet. Als ich nach einer halben Stunde zurückkam, hörte ich Eva aus Leibeskräften von weitem rufen:

"Maaaaaaaartiiiiiiin, Maaaaaaaartiiiiiiiin!!!!" Besorgt beschleunigte ich meine Schritte so gut es ging. Eva war völlig fertig.

"Wo bleibst du denn so lange? Ich dachte, dir wär' was passiert!"

"Wieso, was soll mir denn passiert sein?"

"Weiß ich doch nicht. Vielleicht in den Fluß gestürzt oder von Bären angegriffen. Ich dachte du wärst tot!"

"Waaas? Wieso bist du denn nicht hinterhergekommen?"

"Hab' ich ja versucht. Ich bin nicht an diesen Felsen vorbeigekommen."

"Du mußt oben durch den Wald gehen!"

"Ich wußte ja nicht, wo du entlanggegangen bist. Wenn ich durch den Wald gegangen wäre, hätten wir uns womöglich verpaßt. Außerdem ist es ja auch viel zu gefährlich durch den Wald zu gehen - wegen der Bären. Aber ich war kurz davor, es zu versuchen, wenn du jetzt nicht gekommen wärst. Ein Glück, daß alles gut gegangen ist", seufzte sie.

Als wir uns beide wieder gefaßt hatten, legten wir ab und paddelten auf ruhigem Gewässer weiter. Nach zwei Stunden stießen wir am linken Ufer auf das Camp des anderen Teams. Sie hatten bereits ein großes Lagerfeuer brennen. Im Vorbeifahren tauschten wir uns kurz mit John über das Passieren des Wasserfalles aus. Als er hörte, daß Eva im Boot sitzen geblieben war, applaudierte er - offenbar hatten sie ihren Kanadier mal wieder getreidelt.

Nach zwei bis drei weiteren Flußbiegungen fanden auch wir einen geeigneten Campplatz. Ziemlich erledigt errichteten wir eine Feuerstelle und bauten das Zelt auf. Es war stürmisch, und das Zelt drohte wegzufliegen. Wir sicherten es von innen mit vier fußballgroßen Steinen. Heringe waren auf den Kiesbänken weiterhin nutzlos. Um Mitternacht hatten wir endlich unser Abendessen fertig: Bratkartoffeln mit Speck, Zwiebeln und Knoblauch sowie zwei Bud. Das hatten wir uns nach diesem erlebnisreichen Tag redlich verdient.

Trotz unserer Erschöpfung konnten wir zunächst schlecht einschlafen. Der Grund dafür war aber nicht die Sommersonnenwende, die diese Nacht in der Nähe des Polarkreises zur hellsten unserer gesamten Tour machte, sondern schlicht ein massiver Juckreiz durch Moskitostiche. Eine kurze Zählung ergab, daß jeder von uns mittlerweile 150-200 Stiche aufzuweisen hatte - trotz langer Kleidung, Moskitohauben, Muskol, Knoblauch und den Moskito-Coils.

Diese Brennstäbchen ordneten wir an unseren Lagern immer kreisförmig wie einen brennenden Schutzwall um unsere Sitzgelegenheiten herum an. Wir nahmen sie sogar mit in die Büsche und bauten sie vor dem Zelteingang auf, bevor wir den Reißverschluß öffneten, um zum Schlafen hineinzuspringen. Selbst das konnte nicht verhindern, daß ein Schwung von 10 bis 20 Insekten mit hineinschwappte, die in einem wüsten Gemetzel vernichtet werden mußten, bevor wir uns zur verdienten Nachtruhe hinlegen konnten...

EISZEIT

Am nächsten Tag lagen wir bis 13:00 Uhr erschöpft im Zelt. Beim Aufstehen blies ein kräftiger Wind, so daß wir etwas Ruhe vor den Moskitos hatten. Leider begann es beim Frühstück zu regnen. Wir verbrachten ein bis zwei weitere Stunden im Zelt und schrieben an unserem Tagebuch. Dann legte sich der Regen, und wir mußten das Zelt feucht verpacken. Auch meine Hüftstiefel waren leider nicht richtig getrocknet.

Es war schon fast 18:00 Uhr, als wir losfuhren. Johns Team mußte uns bereits am Morgen überholt haben, da wir ihnen später nie wieder begegneten. Wir glaubten, im Canyon zu sein, und konnten uns anhand der Karte 4 auch gut orientieren. Sogar die von Peter angekündigte enge Schlucht meinten wir gefunden zu haben. Allerdings hatten wir uns den Canyon landschaftlich etwas spektakulärer vorgestellt. Nach einer Fahrt ohne größere Hindernisse begannen wir gegen 22:00 Uhr, nach einer Möglichkeit zum Campen zu suchen. Das war erneut nicht ganz einfach, da es in dieser Gegend kaum Kieselbänke gab.

Wir erreichten schließlich eine langgezogene Linkskurve mit einem markanten, etwa 500 m hohen, steilen Hügel am rechten Ufer. Von links mündete ein Fluß ein, der erstaunlicherweise am Ufer noch meterdicke Eisschichten aufwies. An seiner Mündung lag massenhaft Treibholz. Neugierig geworden, sahen wir uns diesen Ort genauer an.

Wir entdeckten Spuren von mehreren Camp-Feuern und einen dicken, zentnerschweren Balken, der sich hervorragend als Sitzbank eignete. Von dem Zufluß waren anscheinend auch ein alter Lkw-Reifen und ein verrosteter Brennstoffkanister angeschwemmt worden. Wir entschlossen uns zu bleiben und zogen das Kanu mit großer Kraftanstrengung etwa 50 m den abschüssigen Seitenfluß hinauf, um in die Nähe der "Sitzbank" zu gelangen. Nachdem wir unser Zelt auf einer halbwegs ebenen Stelle nur wenige Meter entfernt von den Eisschichten des Zuflusses plaziert hatten, stellten wir uns auf eine Nacht "im Eisschrank" ein.

Nach einer genaueren Prüfung der Karten äußerte ich zum ersten Mal die Vermutung, daß es sich bei diesem Ort um "Pitkas Bar" handeln könnte. Dies würde bedeuten, daß wir eine ganze Kartenlänge hinter unserer angenommenen Position zurücklagen! Ein Abgleich mit dem Kompaß und den Höhenlinien des charakteristischen Berges am gegenüberliegenden Ufer bestätigte meine Annahme: Wir hatten tatsächlich soeben erst Pitkas Bar erreicht. Der zugefrorene Zulauf war Harrison Creek.

Jetzt wurde uns einiges klar. In völliger Unwissenheit waren wir zuerst Twin Rapid Nummer eins und dann als Krönung sogar noch Nirwana Falls hinuntergerauscht! Wir konnten einfach nicht fassen, daß John, der Birch-Creek-Veteran, behauptet hatte, nach der ersten Stromschnelle seien keine Schwierigkeiten mehr zu erwarten!

Nachdem wir diese neuen Erkenntnisse verarbeitet hatten, trösteten wir uns damit, daß der schöne Canyon jetzt noch vor uns lag. In Vorfreude darauf sowie der Gewißheit, daß wir die gefährlichsten Stellen des Flusses nun definitiv hinter uns gelassen hatten und Peter uns nichts Falsches

Camp an Pitkars Bar

Panorama an Pitkars Bar

erzählt hatte, genossen wir gegen Mitternacht eine besonders gut gelungene Tomaten-Paprika-Pfanne mit Reis. Als Nachtisch gönnten wir uns gegrillte Marshmallows. Dazu, wie gehabt, zwei Bud. Es war schon wieder 2:00 Uhr, als wir uns schlafen legten. In der Nacht sank die Temperatur erneut bis auf den Gefrierpunkt.

SERENGETI DES NORDENS

Bereits um 8:00 Uhr morgens zeigte das Thermometer wieder über 30° an. Wir brüteten dennoch bis 12:00 Uhr im Zelt. Wir brauchten einfach viel Schlaf, um uns von den Strapazen zu erholen. Als wir aufstanden, war denkbar herrliches Wetter: Sonne und Wind - folglich auch keine Moskitos! Wir machten einige Aufnahmen auf den bizarr aussehenden, im Sonnenlicht bläulichweiß schimmernden Eisfeldern. Eva entschied sich anschließend zu einem ausgiebigen Bad im Fluß inklusive einer mutigen Haarwäsche. Der wunderschöne Ausblick, den wir beim Frühstück von unserer Sitzbank aus auf den Fluß hatten, blieb unvergeßlich. Schließlich nutzte auch ich noch die moskitofreie Phase und sprang ins Wasser.

Wir genossen diesen schönen Ort noch eine Weile, ehe wir um 17:00 Uhr weiterfuhren. Hätten wir etwas mehr Zeit gehabt, wären wir hier gern noch einen Tag länger geblieben. Bald gelangten wir in den Canyon. Am linken Flußufer türmten sich zerklüftete rötliche Felswände auf. Dieses Tal war wunderschön. Peter hatte wirklich nicht zuviel versprochen. Eva zitierte immer wieder Dale aus New Jersey: "Isn't this a wonderful river?"

Nach etwa zwei Stunden kamen wir an ein besonders eindrucksvolles, etwa 300 m hohes Kliff, auf das Peter uns bei der Kartenbesprechung hingewiesen hatte (☞ großes Foto Seite 2/3).

Wir machten Rast auf einem großen Monolithen unterhalb der Felswand. In der Sonne sitzend, aßen wir unsere letzten Beef Jerkeys und tranken kaltes, frisch gefiltertes Flußwasser. Hoch über uns zog ein Raubvogel - vermutlich ein Falke - seine Runden und stieß dabei fortwährend laute Schreie aus. Ich verfolgte ihn fasziniert mit dem Fernglas. Leider konnte Eva ihn nicht so gut beobachten. Sie hatte wieder das Problem, ohne Brille das Fernglas nicht richtig auf ihre Sehschärfe einstellen zu können - aufgrund dieses mir noch immer nicht ganz verständlichen Astigmatismus.

Wir setzten unsere Reise fort. Es folgte nunmehr eine sehr ruhige Passage mit wenigen und relativ harmlosen Kurven. Doch auf dem Birch konnte man vor Überraschungen niemals sicher sein. Auf einmal gerieten wir auf eine abschüssige Strecke, die mit großen Felsbrocken gespickt war. Eva erledigte wieder sehr gewissenhaft ihren Job durch Ausrufen der Hindernisse ("Kaventsmann voraus!" "großer Oschi!") oder Richtungsanweisungen ("reeeeeeeechts!!"). Ich war wirklich beeindruckt, wie ernsthaft sie ihren Part als Frontfrau übernahm und sich in den gefährlichen Kurven beim Paddeln mit aller Kraft ins Zeug legte.

Ich hatte das Steuern des Kanus mittlerweile ganz gut im Griff. Das lange, schwere Boot war zwar nicht gerade wendig. Durch kräftige Zieh- und Hebelschläge, oder im Falle starker Strömung auch durch Einstemmen des Paddels an der richtigen Seite, konnte ich dem Boot aber oft in letzter Sekunde noch die entscheidende Drehung geben.

Nach mehreren erfolgreichen Ausweichmanövern passierte dann erneut ein Drama. Wir fuhren mit dem Bug auf einen knapp unterhalb der Wasseroberfläche liegenden großen Block auf. Das Heck wurde durch die Strömung gedreht und verkantete sich ebenfalls auf einem in der Nähe liegenden zweiten Block. Durch den enormen Wasserdruck kippte das quer liegende Boot flußaufwärts und fing an, rasend schnell voll zu laufen. Wir lehnten uns beide mit unserem ganzen Gewicht flußabwärts, um ein Kentern zu verhindern. Die Lage schien hoffnungslos, weil ein Aussteigen unmöglich war. In der starken Strömung wäre man sofort abgetrieben worden. Wir konnten von Glück sagen, daß die Paddel so stabil waren. Mit größter Anstrengung schafften wir es endlich, uns zentimeterweise von den Felsen loszukanten und hinunterzudrücken ohne das äußerst labile Gleichgewicht zu gefährden. Nach einer Anlandung zum Ausschöpfen des Bootes ging es weiter.

Der "Seegang" wurde wieder ruhiger. Endlich konnten wir nun das tun, was wir uns eigentlich für den überwiegenden Teil der Fahrt ausgemalt hatten: Entspannt treiben lassen und währenddessen die Stille und Schönheit der Natur genießen. Bisher war uns auf dem ungestümen Fluß ja kaum Zeit zum Innehalten geblieben.

Auf dem Wasser mußte man jederzeit hellwach und hochkonzentriert sein, andauernd Entscheidungen treffen und dazu noch kräftig paddeln oder steuern. Und beim Campen gab es meist soviel zu tun, daß auch dort keine Langeweile aufkam.

Beim stillen Dahintreiben dachte ich über diese wunderbare Landschaft nach. Die Schönheit der Natur übertraf meine Vorstellung, die ich mir von Alaska im Allgemeinen und der Flußfahrt im Besonderen gemacht hatte: Der kristallklare blaue Fluß in dem blendend reinen Licht, rechts und links der saftige grüne Urwald, durchbrochen von gelbbraunen bis rötlichen Kliffs, im Hintergrund die über 1.000 m hohen Berge. Dieses farbenprächtige Panorama wirkte so ursprünglich und natürlich, daß es einem fast unwirklich vorkam.

Die beeindruckenden Farbfotos unserer Bildbände hatten diese Atmosphäre tatsächlich nur sehr unvollkommen widergespiegelt. Wovon ich jedoch mehr zu sehen erhofft hatte, war die Tierwelt. In einem unserer Bildbände war Alaska als die "Serengeti des Nordens" bezeichnet worden. Natürlich, wir hatten schon zahlreiche Spuren großer Säugetiere gefunden, und zweifellos waren die hier lebenden Tiere wirklich absolut "wild" und mieden daher Menschen. Wir waren aber nun schon seit über einer Woche unterwegs und hatten, abgesehen von einem Entenpärchen und einem Falken (sowie den unzähligen Moskitos), keine Tiere gesichtet - nicht einmal Fische!

"Weißt du was", sagte ich zu Eva, "wenn wir jetzt auch noch ein paar Tiere zu Gesicht bekämen, wäre mein Glück perfekt!"

"Meinetwegen, solange es keine Bären sind. Da kann ich gern drauf verzichten", entgegnete sie trocken.

"Es muß ja nicht gleich ein Bär sein. Aber wir sehen ja fast überhaupt keine Tiere."

Gab es so etwas wie eine Magie des Flusses? War es möglich, daß die Natur meinen Wunsch erhört hatte? Wollte sie mir eine Lektion erteilen und sagen: "Die Wildnis ist kein Tierpark, der sich im Vorbeifahren konsumieren läßt!" Schon bald sollte ich die Geister verfluchen, die ich scheinbar gerufen hatte. Wir fuhren noch ein Weilchen in dem schönen Licht der tiefstehenden Sonne, die im Westen in unserem Rücken lag.

Was dann passierte, verlief unglaublich schnell. Zunächst ein kurzes Rascheln gut 50 m vorne rechts im Gebüsch, dann ein Aufschrei von mir: "Da, ein Elch!"

Hinter dem riesigen Tier tauchten zwei kleine Kälber auf. Wir wußten beide, daß Alaska-Elche mit einer Schulterhöhe von deutlich über 2 m und einem Gewicht bis zu 1.000 kg die größten ihrer Art sind. Die Begegnung mit einem

solchen Exemplar in freier Wild-
bahn war allerdings noch einmal
etwas anderes. Unsere anfängli-
che Überraschung schlug abrupt
in Entsetzen um. Die Elchkuh,
mit der wir es hier zu tun hatten,
galoppierte energisch in die Fluß-
mitte und schnaubte laut in unsere Richtung!

Elchkuh mit Kalb

Wir waren vielleicht nur noch
40 m entfernt. Gezwungener-
maßen trieben wir geradewegs auf sie zu. Sie aber gab uns mit ihrem geräusch-
vollen Schnauben und den ruckartigen Kopfbewegungen deutlich zu verstehen,
daß sie uns nicht in ihrer Nähe haben wollte. Regungslos saßen wir im Boot und
starrten diesen immer aggressiver werdenden Koloß an. Der Schock ließ uns
erstarren wie in einem schlimmen Albtraum. Was konnten wir jetzt noch tun?
Bärenspray? Zu spät!

In einer Entfernung von 5 bis 7 m erreichten ihre Angriffsgebärden den Höhe-
punkt. Laut schnaubend und röhrend warf sie immer wieder ihre Brust nach vorn.
Es sah aus, als ob sie jeden Moment auf uns losstürzen würde. Ich hörte mich
unkontrolliert schreien. Es war eine Mischung aus instinktiven Angstschreien und
der Hoffnung, den Elch auf diese Weise verjagen zu können. Der schien jedoch
völlig unbeeindruckt. Meine Denkfähigkeit war nahezu lahmgelegt. Mir war nur
eins klar: Dort ragte eine riesige, hoch aggressive, wilde Kreatur über uns auf und
wir waren völlig wehrlos. Was würde sie tun? Treten? Beißen? War das unser Tod?
Kämen wir mit Verletzungen davon? Ich hätte wahrscheinlich in letzter Konse-
quenz versucht, mit meinem Paddel nach ihr zu schlagen.

Plötzlich stimmte Eva "We all live in a yellow submarine" von den Beatles an.
Richtig! Der Tip von Peter für solche Situationen. Und die Elchkuh schien tatsächlich von uns abzulassen. Vielleicht beruhigte sie sich auch in dem Moment als
sie bemerkte, daß wir mit dem Boot an ihr vorbeifuhren, und ihr und den Kälbern
nichts anhaben wollten.

Die Funktionsweise des menschlichen Gehirns kann manchmal verblüffend
sein. Möglicherweise waren wir soeben dem Tod entronnen. Doch - kaum daß wir
die Gefahr überstanden hatten - drängte sich mir eine Idee auf, von der ich um
nichts in der Welt ablassen wollte. Ich versuchte, das Boot ein wenig zu drehen
und rief aufgeregt: "Eva, mach' ein Foto!"

Eva hatte die "Schnappschußkamera" bei sich. Sie weigerte sich jedoch ein Foto zu schießen und paddelte eifrig weiter, um in sicherer Entfernung ihren Adrenalinspiegel sinken zu lassen. Die Elchkuh blieb derweil mit ihrem Nachwuchs im Wasser stehen und verfolgte uns mit ihren Blicken. In einer Entfernung von etwa 50 m überwand sich Eva schließlich, ihr Paddel beiseite zu legen und die Kamera aus der "äußerst praktischen" wasserdichten Verpackung herauszufummeln. Mit zitternden Händen drückte sie auf den Auslöser und schoß ein unscharfes Foto von drei braunen Punkten im Wasser.

Das reichte mir nicht. Ich wog mich bereits wieder in ziemlicher Sicherheit und glaubte nicht, daß die Elchmutter ihren Nachwuchs im Stich lassen würde, um uns womöglich zu verfolgen. Gegen Evas massiven Widerstand legte ich in 100 m Entfernung rechts an, um die Tiere noch einmal in Ruhe zu betrachten. Außerdem konnte ich von dort Aufnahmen mit dem Teleobjektiv machen. Im Fernglas war zu erkennen, daß die Mutter ihren Jungen den Rücken ableckte und zwischendurch immer wieder auch in unsere Richtung sah. Eva, die das Boot durch einen Griff ins Buschwerk am Ufer hielt, kassierte derweil an ihren Händen 20 neue Moskitostiche. Sie ließ keine Ruhe, bevor wir nicht weiterfuhren.

Wir tauschten uns eine ganze Weile über den Zwischenfall aus. Dieser Angriff hatte auf uns einen nachhaltigen Eindruck hinterlassen, und wir waren mehr als froh, ihn unbeschadet überstanden zu haben. Wir hatten ja schon gehört, daß Menschen durch Elchattacken zu Tode gekommen waren.

"Die Elchkuh hat uns in dem Gegenlicht der Abendsonne wahrscheinlich sehr spät bemerkt", sagte ich.

"Ja, deswegen war sie vielleicht so aufgeregt. Außerdem können Elche glaube ich sowieso nur sehr schlecht sehen. Und Gegenwind hatten wir auch noch", meinte Eva.

Ihre Kälber waren wohl höchstens zwei Monate alt. Wir wußten, daß Elchmütter äußerst angriffslustig und unberechenbar sein können, wenn sie ihre Jungen in Gefahr sehen. Aber warum war sie in den Fluß gelaufen und hatte uns den Weg versperrt? Sicher, Elche gelten nicht gerade als besonders intelligent. Sie konnte ja nicht wissen, daß wir bloß vorbeifahren wollten. Wir konnten jedenfalls nichts tun, sondern nur hoffen, daß sie uns glimpflich davonlassen würde. Später würden wir vielleicht irgendwann einmal froh sein, so etwas erlebt zu haben, aber im Moment des Angriffs spürten wir nur blankes Entsetzen.

Der Vorfall hatte zur direkten Folge, daß Eva nun eine akute, massive Elch-Phobie entwickelte. Diese äußerte sich insbesondere darin, daß sie in allen irgendwie ungewöhnlich aussehenden Baum- oder Steinformationen, die rechts oder links am Ufer auftauchten, einen Elch wähnte. Ihre Wahrnehmungen grenzten meiner Meinung nach ans Wahnhafte. Oder hatten sie auch wieder etwas mit diesem seltsamen Astigmatismus (Stabsichtigkeit der Augen) zu tun?

Durch meine Beschwichtigungsversuche ließ Eva sich jedenfalls nicht beirren. Im Gegenteil, sie verfiel auf die fixe

Kein Elch voraus

Idee, vor jeder Flußbiegung mit ihrem Paddel wie eine Wahnsinnige auf die Bordwand des Kanus zu schlagen - um im Gebüsch lauernde Elche zu Tode zu erschrecken und zu verscheuchen. Die Ruhe auf dem Fluß war dahin.

Eine ganze Weile bewegten wir uns auf diese Weise weiter. Wir kamen bald erneut in einen schönen Canyon. Eva ließ sich mühselig davon überzeugen, daß es doch unwahrscheinlich sei, daß Elche wie Bergziegen in den Felswänden herumkletterten, und stellte das stupide Hämmern Gott sei Dank ein wenig ein.

Auch die Natur zeigte jetzt wieder idyllischere Seiten. Hoch über uns bei einem Felsvorsprung kreiste majestätisch ein Weißkopfadler. Er war offenbar wesentlich schüchterner als ein Elch. Noch bevor ich ein Foto machen konnte, verschwand er hinter den Felsen und ließ sich nicht mehr blicken.

Die Sonne versank hinter den Bergen, und es wurde rasch kühler. Wir suchten ein Nachtquartier, doch das war an diesem Abend noch schwieriger als an den Tagen zuvor. Auf einer Kieselbank, die wir inspizierten, fanden wir keinerlei Holz. Schon sichtlich erschöpft, mußten wir weiter. Schließlich kamen wir an die Einmündung eines breiten Zuflusses von rechts - dies mußte die South Fork sein. In der Mündung lagen verschiedene Kieselbänke, die von dem Fluß umspült wurden. Dort gab es zwar Treibholz, aber keinen Platz für unser Zelt.

Ich schlug vor, noch ein Stück weiter unten nachzusehen und erspähte dabei auf dem 2 m höher gelegenen Waldufer eine eindeutig von Menschenhand geschaffene Holzkonstruktion. Neugierig kletterte ich die Böschung hinauf. Oben angekommen, fand ich einen großen Feuerring sowie eine Art Anrichte aus Brettern vor. Das Beste aber waren zwei rustikale Stühle, die jemand irgendwann einmal mit einer Motorsäge aus einem mächtigen Baumstamm herausgesägt haben mußte!

Am Lagerfeuer im Waldcamp

Das Zelt endlich mal im Schatten

Freudig rief ich Eva hinauf - wir hatten ein schönes Camp gefunden. Eva war noch etwas skeptisch, weil sie befürchtete, im Wald von den Tieren nicht früh genug wahrgenommen zu werden. Die Elchkuh saß ihr noch im Nacken, doch die Erschöpfung war stärker. Außerdem sprachen auch sie die komfortablen Stühle sehr an. Eva baute das Zelt auf und konnte im Waldboden zum ersten Mal Heringe anbringen!

Ich wollte den Tag nicht ohne einen Fischfangversuch beenden und warf noch einmal die Angel aus. Da es schon spät war, gab ich aber relativ schnell auf. Die Kühle des Abends verlangte jetzt nach einem großen wärmenden Feuer. Wir kochten uns eine einfache Gulasch-Tütensuppe und setzten uns mit den Stühlen so nah es ging an die Flammen. Anschließend gab es Brote mit Gouda und frisch geschnittenen Knoblauch, dazu für jeden ein Bud.

Die Nacht unter den hohen, dunklen Fichten war mit Temperaturen nur knapp über null Grad kalt und feucht. Aber das Schlafklima im Wald war aufgrund des morgendlichen Schattens äußerst angenehm. Wir genossen es bis 11:00 Uhr.

ÄSCHEN

Der Tag bot optimales Wetter - strahlend blauer Himmel und soviel Wind, daß sich die Moskitos flugunfähig in ihre Schlupflöcher verzogen hatten. Wir nutzten dies für ein ausgiebiges und entspanntes Frühstück am Lagerfeuer. Dabei stellten wir uns vor, daß wir hier wie zwei einsame Trapper im Wald saßen und hatten viel Freude an diesem Camp, das eine willkommene Abwechslung zu den Kiesbänken darstellte. Gegen 16:00 Uhr legten wir ab.

Wir waren noch immer im Canyon. Der Ausblick war wunderschön. Immer wieder kamen wir an senkrecht abfallenden, rötlichen Felswänden vorbei, an deren Sohle manchmal große Gesteinsblöcke lagen, die im Laufe der Jahrtausende durch die Erosion des Flusses herabgestürzt waren.

An einem der Kliffs wurden wir mächtig ausgeschimpft. Zwei Falken kreisten über uns und fühlten sich von uns gestört. Wir vermuteten, daß sie in den Felsen nisteten und ihre Brut schützen wollten.

Frühstücksbuffet im Waldcamp

Im Canyon

An einer weiteren Felswand in einer starken Linkskurve war es dann endlich soweit: Eva sichtete im klaren Wasser einen Fisch! Wahrscheinlich handelte es sich um eine der hier verbreiteten Äschen, einen Arctic Grayling. Gleich hinter der Kurve gab es neben der Hauptströmung eine Stelle mit ruhigem, tiefem Wasser. Ich erinnerte mich an Peters Worte, daß Äschen gern neben einer Strömung stehen und "fernsehen". Sie warten dort darauf, was an potentieller Nahrung vorbeigetrieben wird.

Wir legten an, machten das Boot fest und kletterten auf einen Felsvorsprung. Ich warf einige Male den kleinen Blinker aus, und tatsächlich fingen bald einige kleinere Äschen an, hinter ihm her zu schwimmen. Nach kurzer Zeit tauchten auch größere Exemplare auf. Ich versuchte, den Blinker gezielt in Richtung einer der größeren Fische zu werfen - und ehe ich mich's versah, hatte ich den ersten an der Angel!

Martin im Angelglück

"Schnell, mach ein Foto!", rief ich Eva zu. Es war alles sehr aufregend. Der Fisch zappelte nach Leibeskräften. Ich mußte mich trotz meiner Gummihandschuhe sehr überwinden, ihn mit der linken Hand zu packen. Er war dermaßen mit einer Schleimschicht überzogen, daß er mir mehrmals aus der Hand glitschte - ohne die rutschfesten Gummihandschuhe wäre er wahrscheinlich gar nicht zu fassen gewesen. Der geeignetste Gegenstand, den ich für einen Betäubungsschlag hatte finden können, war eine Kombizange, die uns Peter für alle Fälle mitgegeben hatte. Ich hielt den Fisch also über einen Stein und versetzte ihm mit der Zange einen kräftigen Schlag auf den Kopf.

Was dann kam, war die widerliche Seite des Angelglücks. Mit dem kleinen Schweizer Taschenmesser - das extra für diesen Zweck vorgesehene größere Klappmesser hatte ich ja am ersten Tag bereits verloren - stach ich hinter den Kiemen in den Fisch hinein, in der Hoffnung, das Herz zu treffen. Da ich mir nicht sicher war, die richtige Stelle erwischt zu haben, wiederholte ich den Vorgang wohl oder übel einige Male. Eva versuchte derweil, das Gemetzel fotografisch festzuhalten. Tatsächlich lief Blut aus dem Tier heraus, und nach etwa einer Minute bewegte es sich nicht mehr. Ich schien ihn getötet zu haben. In gewisser Weise erleichtert, legte ich ihn in eine Schüssel mit Wasser. Trotz dieser Unan-

Der Gesamtfang

nehmlichkeiten hatte mich das Angelfieber gepackt und ich warf erneut den Haken aus. Jetzt war alles schon etwas Routine, und schon bald lag die zweite Äsche in der Schüssel.

Eva wollte nun auch ihr Glück versuchen. Kaum hatte sie den Blinker ins Wasser geworfen, schwamm auch schon ein etwas kleinerer Fisch hinterher. Ich konnte gerade noch sagen: "Der ist zu klein, hol' schnell den

Haken ein!", da hatte er auch schon angebissen. Beim Herausziehen sahen wir jedoch, daß auch er sich durchaus fürs Abendessen eignete. Da man auf drei Beinen nicht stehen kann, angelte ich schnell noch eine vierte Äsche. Diese war sogar die größte - mindestens 40 cm lang. Stolz fotografierten wir unseren Fang. Dann legten wir die erbeuteten Fische in einen mit Wasser gefüllten Kochtopf, den wir oben auf das Boot schnallten.

Fischgrill

An diesem Tag fuhren wir nicht mehr sehr viel weiter. Wir konnten es kaum abwarten, die Fische zu grillen. Dabei mußten wir immer wieder an Hennings Worte denken, als es darum ging, wie man seinen reichen Fang am besten zubereiten würde: "Ach was Kümmel, Holzkohle brauchen wir nicht, da machen wir uns ein ordentliches Glutbett aus Treibholz." Die beiden hatten sich ja sogar zwei Angeln mitgenommen, weil sie eine Art Wettfischen geplant hatten.

Wir fanden einen Campplatz auf einer Kieselinsel im Canyon. Es gab ausreichend Treibholz für das "Glutbett", aber kaum Büsche und entsprechend wenig Moskitos. Während Eva Unmengen von Holz sammelte, nahm ich die nächste Hürde: Das Ausnehmen der Fische. Den Angelratgeber links neben mir, schlitzte ich die Fische an der Bauchseite auf - was erstaunlich schwer ging - entfernte das Organpaket, schnitt ihnen den Kopf ab und entschuppte sie ein wenig. Um keine Bären anzulocken, warf ich alle Fischabfälle sofort in den Fluß. Dann bestrich ich die Innenseite der Äschen mit Kräutern der Provence, Pfeffer und Salz und legte sie in Alufolie. Eva goß ein wenig Olivenöl und Weißwein darüber und wickelte die Folie zu. Auf dem Rost dünsteten wir sie von jeder Seite drei Minuten. Zuvor hatte Eva bereits

Campplatz auf der Kieselinsel

Folienkartoffeln in die Glut gelegt. Die Fische waren eine außerordentliche Deli-
katesse, das Fleisch war weiß, zart und frisch, wie es frischer nicht sein konnte.
Dazu gönnten wir uns eine Flasche kalifornischen Weißwein, der ausgezeichnet
schmeckte. Von diesen phantastischen Fischen hätten wir gut und gern noch ein
paar mehr verdrücken können... Zur Abrundung des köstlichen Abendmahls gab
es als Dessert Marsh Mallows und Schokokekse.

Gegen 1:00 Uhr legten wir uns ins Zelt. Ich wurde gegen 3:00 Uhr wach,
weil es heftig stürmte. Da wir auf der Kieselbank wieder keine Heringe anbringen
konnten, mußte Eva auf der Sturmseite das Zelt mit ihrem Körpergewicht stabili-
sieren. Ihr in der Kapuze des Mumienschlafsackes gut verschnürter Kopf wippte
zusammen mit der Zeltecke synchron zu den Sturmböen auf und ab. Eva aber
schien von dem Sturm draußen nichts zu bemerken und schlief dabei tief und
fest...

Im Insellabyrinth

Ziemlich gerädert standen wir um 10:30 Uhr auf. Uns blieben jetzt nur noch
zweieinhalb Paddeltage, und wir hatten noch eine ordentliche Strecke vor uns.
Aus diesem Grund machten wir uns heute etwas früher auf die Socken. Wir legten
um 13:00 Uhr ab, verließen wehmütig den schönen Canyon und paddelten, was
das Zeug hielt.

Nach einer Weile kamen wir an einer Stelle vorbei, an der wir Peters Empfehlung entsprechend auf der Karte eine Wandermöglichkeit eingezeichnet hatten.
Die vorgeschlagene Tour sollte einen Höhenunterschied von 700 m überwinden
und etwa sechs Stunden dauern. Unser Zeitplan hätte sowieso keine längere
Wanderung mehr zugelassen, aber als wir uns den dicht bewaldeten Bergkamm
im Vorbeifahren ansahen, befielen uns Zweifel, ob es hier für uns tatsächlich ein
Durchkommen gegeben hätte. Auch der Streß durch die zu erwartende Begegnung mit Trilliarden von Moskitos erschien uns wenig verlockend.

Wir ließen die Berge nun endgültig hinter uns und kamen in eine weite Ebene,
die 300 m tiefer lag als der Startpunkt unserer Tour. Die Landschaft wurde sump-
figer. Wir verstanden jetzt auch, woher der Fluß seinen Namen hatte. Zwischen
den uns schon aus dem Oberlauf vertrauten Fichten wuchsen jetzt auch mehr und

mehr Birken. Wir kamen an extrem ausgedehnten Kiesbänken vorbei. Anders als im Oberlauf, entsprachen die Kieselsteine in ihrer Größe nun mehr dem, was man sich gemeinhin unter Kiesel vorstellt. Der Fluß hatte sie auf den vergangenen knapp 200 km von Pflastersteingröße auf das Format von Tischtennisbällen herunter gemahlen.

Biberdamm

Wir folgten weiter den Serpentinen des Flusses. Ab und zu glaubten wir in einiger Entfernung Bewegungen im Wasser wahrzunehmen. Vermutlich handelte es sich um Biber. Nach einer Stunde tauchte am linken Ufer ein eindrucksvoller Biberdamm auf, der ungefähr 2 m hoch und 10 m breit war. Er lag 50 m vom Fluß entfernt quer vor einem kleinen Bachzulauf.

Ich wollte ihn mir unbedingt aus der Nähe ansehen, und wir legten an. Ich stieg aus, um am schlammigen Ufer des Zulaufes entlang zu dem Damm zu gehen. Plötzlich wurde ich von einem Kanada-Wildgänsepaar verbal attackiert, das aus dem Ufergebüsch hervorgestoben kam. Das Gänsepärchen flog auf und umkreiste uns laut schnatternd in einem Abstand von etwa 30 m.

Der Boden war äußerst nachgiebig und ich versank zunehmend tiefer mit meinen Hüftstiefeln im Schlamm. Ich war keine 20 m weit gekommen, als ich meine Beine schon kaum mehr aus dem sumpfigen Boden ziehen konnte.

Enttäuscht mußte ich einsehen, daß der Damm an dieser Stelle sehr gut vor menschlicher Neugier geschützt war und trat den Rückzug an. Ich überlegte, ob es noch eine andere Möglichkeit geben könnte, näher an ihn heranzukommen. Schließlich hat man nicht jeden Tag die Chance, ein so interessantes tierisches Bauwerk erkunden zu können. Es fand sich aber keine schnelle Lösung des Problems, und Eva drängte auf Weiterfahrt. Ihr taten

Spektakel mit Wildgänsen

die noch immer aufgeregt schnatternden Gänse sehr leid. Vermutlich hatte auch dieses Pärchen - wie vor einigen Tagen bereits die Falken - seine Brut zu schützen.

Wir legten also wieder ab und gelangten nach einer weiteren Strecke kräftigen Paddelns in das berüchtigte Insellabyrinth. Peter hatte uns darauf vorbereitet, daß wir in dieser Region völlig unsere Orientierung verlieren würden. Der Fluß teilte sich in dieser weiten Ebene in verschiedene Seitenarme, die je nach Wasserstand wieder zusammenflossen, manchmal aber auch im Nichts endeten. Die flache Sumpf- und Waldlandschaft bot hier keinerlei Orientierungspunkte. Ständig mußten wir uns an Flußgabelungen für einen Weg entscheiden.

Manchmal fiel uns die Wahl leicht, denn einige Seitenarme waren deutlich schmaler und hatten einen geringeren Wasserstand als der Hauptfluß. An anderen Stellen war dagegen kaum zu erkennen, welcher Arm die stärkere Strömung aufwies. In solchen Fällen überließen wir die Entscheidung dem Boot. Wir stellten jegliche Paddelaktivitäten ein und ließen uns in einen der Arme hineintreiben. Dabei blieb es gelegentlich bis zum letzten Moment spannend, denn das Boot "entschied" sich oft erst kurz vor der Gabelung. Diese Technik schien recht gut zu funktionieren - wir sind nicht einmal auf einem toten Seitenarm gestrandet.

Nachdem wir uns auf diese Weise schon eine ganze Weile erfolgreich durch das Labyrinth bewegt hatten, endete plötzlich die Fahrt. Eine frisch umgestürzte große Fichte versperrte vollständig den Fluß. Wie sollten wir die nur aus dem Weg bekommen? Der Versuch, sie mit vereinten Kräften ein wenig beiseite zu schieben, um in Ufernähe eine kleine Lücke für das Kanu zu schaffen, scheiterte kläglich. Der lange und entsprechend schwere Baum ließ sich keinen Zentimeter zur Seite bewegen.

Eine Fichte versperrt den Weg

"Ich denke, wir brauchen erst mal eine Stärkung", meinte Eva. "Laß uns mal was essen, dann wird uns schon eine Lösung einfallen!"

Wir legten am rechten Ufer an und kräftigten uns mit Gouda-Broten, die wir dick mit Knoblauch belegten. Dazu genehmigten wir uns zwei Bud. Es war zwar noch nicht Abend, aber die

Umstände erforderten eine Sonderration. Mit neuen Kräften griff ich beherzt zur Axt und schlug einige Äste von der Fichte ab. Es war ein mühsames Unterfangen. Die Axt war stumpf und das Holz noch sehr frisch.

Schließlich hatte ich es aber geschafft, eine etwa ein Meter breite Schneise in die Äste zu schlagen. An dieser Stelle konnten wir das Boot dann gemeinsam über den Stamm des Baumes ziehen.

...und noch eine Sperre

Wir stießen noch auf weitere, frisch umgestürzte Bäume, die uns den Weg versperrten, sich aber glücklicherweise umtreideln ließen. Der Fluß hatte in dieser seichten Ebene nicht mehr genügend Gefälle, um die ungezählten Opfer seiner urwüchsigen Kraft weiterzutransportieren. Dies hatte dazu geführt, daß hier auch viele "Mitbringsel" aus dem Oberlauf ihre vorläufige Endstation gefunden hatten. So hatten sich an manchen Stellen wüst aussehende, bis zu 3 m hohe Berge von Baumstämmen und Treibholz aufgetürmt.

An einer Stelle, wo der Fluß ein sehr breites Bett aufwies, entdeckten wir plötzlich etwas völlig Unerwartetes. Am rechten Ufer war ein gut ausgebauter Verschlag aus Baumstämmen errichtet. Wir legten an, um uns die Sache genauer anzusehen. Es handelte sich offenbar um einen Jagdstand mit Blick auf die durch den Birch gebildete, relativ weite Kiesfläche.

Zu unserer Bestätigung fanden wir leere Gewehrpatronen. Jemand hatte hier - wie es schien - Schießübungen veranstaltet. Die Patronen waren nämlich von anderen Kugeln, die vermutlich aus einem Revolver stammten, in der Mitte durchbohrt. Der Unterstand war aus massiven, mit einer Motorsäge bearbeiteten Baumstämmen erbaut und mit

Verlassener Unterstand

einer Dachkonstruktion versehen. Er machte den Eindruck, erst einige Monate alt zu sein. War dies ein offizieller Jagdstand oder vielleicht ein Wilderercamp? Wir fragten uns auch, wie die Erbauer wohl an diese Stelle gelangt waren. Kanus hielten wir für unwahrscheinlich, zumal ja auch das erlegte Wild irgendwie abtransportiert werden mußte. Vielleicht waren die Jäger mit einem Wasserflugzeug gelandet oder im Winter mit Motorschlitten gekommen. Uns fiel noch auf, daß im dahinter gelegenen Wald um einen Baum ein rotes Plastikband gewickelt war. Solche Bänder hatten wir auf unserer Fahrt schon zweimal bemerkt. Waren es möglicherweise Hinweise auf versteckt im Wald gelegene Cabins gewesen?

Auf der weiteren Fahrt durch das Insellabyrinth begegneten wir zahlreichen Bibern. Diese Tiere waren überwiegend recht vorsichtig und tauchten unter, sobald wir in ihre Nähe kamen. Dabei ließen sie es sich jedoch nicht nehmen, im Moment des Abtauchens mit ihrem breiten Schwanz kräftig aufs Wasser zu schlagen. Wir nahmen an, daß es sich dabei um eine Art Abschreckungs- oder Warnmaßnahme handelte. Einer dieser Vertreter spielte uns einen besonderen Streich. Noch weit von uns entfernt verschwand er unter der Wasseroberfläche. Plötzlich tauchte er direkt neben unserem Boot auf, schlug laut mit dem Schwanz aufs Wasser und tauchte wieder ab. Wir hätten vor Schreck fast die Paddel ins Wasser fallen lassen!

Auffällig in dieser sumpfigen, wasserreichen Gegend waren auch die Insekten. Wir wurden ständig von riesigen, bunt schillernden Libellen umschwirrt, die mehr Ähnlichkeit mit kleinen Vögeln hatten. Überhaupt schienen hier alle Insekten, unter anderem auch die Moskitos, überdimensional groß zu sein. Wir trafen von nun an auch vermehrt auf übel aussehende, dicke, schwarze Bremsen, von deren schmerzhaften Bissen wir aber zum Glück verschont wurden.

Peter hatte uns den Tip gegeben, daß wir in irgendeinem der zahlreichen Seitenarme des Insellabyrinths mit etwas Glück einen Hecht angeln könnten. Nach unserem ersten, recht aufregenden Angelerlebnis war ich mir nicht sicher, ob ich wirklich Lust hatte, mit einem 40 Pfund schweren, über einen Meter langen Hecht zu kämpfen. Meine Neugierde siegte aber schließlich, und wir bogen in einen der geheimnisvoll aussehenden Seitenarme ab.

Unser kleiner Abstecher war schnell wieder beendet. Wir hatten uns keine 20 m in das stehende, tunnelartig überwucherte und mit schlammigen Ufern gesäumte Gewässer hineinbegeben, als wir von Abermillionen von Moskitos umzingelt waren. Die schwarze Wolke um uns herum war so dicht, daß wir kaum noch etwas sehen konnten. Dieses Inferno war uns selbst mit den Moskitohauben etwas zu heftig, und wir traten überstürzt den Rückzug an.

Nach unserer langen Irrfahrt durch das Insellabyrinth waren wir sehr erschöpft. Da wir die Aussicht auf einen Hecht ad acta gelegt hatten, suchten wir nun nach einem Camp, das noch einmal die Möglichkeiten zum Fangen von Äschen bot. Einige an sich schöne Campsites ließen wir links liegen, da sie wenig Aussicht auf Angelerfolg versprachen. An einer Kieselbank, die wir inspizieren wollten, zog ich beim Anlegen von außen am Boot, während Eva mit einem Bein noch im Kanu hing. Dabei landete sie mit dem Po im Wasser und ihr rechter Stiefel lief voll. Entkräftet wie sie war, erreichte ihre Laune einen Tiefpunkt. Verärgert über meine Unachtsamkeit stieg sie wieder ein und trat in Sitzstreik.

"So", sagte sie trotzig. "Ich mach' jetzt gar nichts mehr, bevor nicht ein Feuer brennt, und ich meine Sachen trocknen kann."

Da die Kieselbank - vor allem mangels Brennholz - doch nicht so geeignet erschien, blieb mir nichts anderes übrig, als das Boot allein noch ein paar Flußwindungen weiter zu paddeln. Eva saß derweil demonstrativ mit verschränkten Armen und zum Trocknen hochgelegten Beinen im Bug. Wir erreichten schließlich eine Stelle, an der sich an der rechten Uferseite ein hohes, erdiges Steilkliff befand. Diesen markanten Ort konnten wir auch problemlos auf der Karte ausmachen. Wir wußten jetzt wieder, wo wir waren und beendeten für heute unsere Fahrt, zumal wir nach acht Stunden Paddeln auch beide nicht mehr konnten.

Eva zog sich um, und ich sammelte im größeren Umkreis Holz, das in dieser Gegend so knapp war wie nirgendwo zuvor. Mein Angelversuch blieb ohne Erfolg. Es gab daher ein für unsere Verhältnisse einfaches Gericht - Spaghetti mit Tomatensoße. Dazu zwei Bud und zum Nachtisch Bananen. Als wir entspannt am Feuer saßen, fanden wir auch heraus, woher die ständigen Geräusche kamen, die uns schon den ganzen Abend verunsichert hatten. Von der gegenüberliegenden Steilwand, einem vom Birch abgetrennten großen Erdkamm, rutschten ständig kleinere Brocken in den Fluß ab.

Von unserer einige Hundert Meter langen Kieselbank hatten wir zum erstenmal einen weiten Blick in die Ebene. Die Berge, aus denen wir heute gekommen waren, erschienen in gut zehn Kilometer Luftlinie am südlichen Horizont noch als kleine, von der tiefstehenden Sonne beleuchtete Silhouette. Es war schon weit nach Mitternacht, als wir Zeugen

Zeltaufbau am vorletzten Camp

eines wunderbaren alaskanischen Sonnenunterganges wurden. Die Sonne war hinter den nördlich gelegenen Bergketten versunken und hatte den Himmel in ein Farbenmeer verwandelt. Zwischen den rosa-violetten Wolken war der hellblaue Himmel zu sehen. Es war noch immer relativ hell, und schon in weniger als drei Stunden würde die Sonne wieder aufgehen.

HECHTE UND TREIBSAND

Der Tag begann heiß und windig, und wir konnten ohne Belästigung durch Moskitos noch einmal ausgiebig im Fluß baden. Während ich das Schinken-mit-Ei-Frühstück briet, wusch Eva zum letzten Mal ein paar Kleidungsstücke. Wir wollten schließlich nicht völlig verdreckt aus dem Busch zurückkehren.

Volker hatte mit seiner Prognose Recht behalten. Von unserer Großpackung "Outdoor-Seife" hatten wir nur einen Bruchteil benötigt. Es war eine verblüffende Erfahrung, wie schnell man in der freien Natur mit scheinbar unabänderlichen Gewohnheiten brechen konnte. Unser in Jahrzehnten entwickelter Sauberkeitsanspruch hatte sich in nur wenigen Tagen drastisch reduziert. Das Leben konnte hier draußen faszinierend einfach sein. Unsere Bedürfnisse beschränkten sich auf einige wenige, elementare Dinge: Feuer und Wasser wurden uns durch die Natur gestellt, eine Behausung und ausreichend Nahrung transportierten wir in unserem Kanu mit uns. Und dabei hatten wir bis jetzt nicht das Gefühl, irgend etwas Wesentliches zu vermissen. Ganz im Gegenteil, unsere Tage waren hier so ausgefüllt wie nie.

Zelt im Wind

Um 17:30 Uhr setzten wir unsere Reise fort. Wir passierten nach eineinhalb Stunden einen weiteren, mindestens 60 m hohen, höchst eindrucksvollen Erdabbruch am rechten Ufer. Es handelte sich wahrscheinlich um einen Lößgürtel, der durch Gletschertätigkeit in der letzten Eiszeit entstanden sein mochte. Der Birch hatte im Laufe der Zeit wie

eine große Kreissäge diese Erd-
formation angeschnitten und den
dunkelbraunen, tiefgefrorenen
Permafrostboden freigelegt, so
daß der Querschnitt einer sogenannten Eislinse zu sehen war.
Die Entwicklung der Landschaft
war noch lange nicht abgeschlossen, ständig konnten wir beobachten, wie neue Erdstücke in
den Fluß brachen. Die schmalen
Fichten, die hoch oben auf der

Loch im Steilhang

Ebene wuchsen, sahen aus wie kreuz und quer stehende Bartstoppel. Auch sie
waren kurz davor, reihenweise an der Abbruchkante hinabzustürzen. Man hatte
das Gefühl, als ob die Gestaltung der Erdoberfläche hier noch in vollem Gange
war. Schade, das war wieder so eine Stelle, die wir gern ausgiebig erkundet hätten, wenn uns nur mehr Zeit geblieben wäre!

   Wir entdeckten weiterhin viele Biber. Einmal trafen wir auf eine ganze Kolonie
von mindestens fünf Tieren. Während die anderen in gewohnter Manier mit dem
Schwanz auf's Wasser schlagend abtauchten, schwamm einer von ihnen eine Zeit
lang ruhig neben unserem Boot her und posierte für eine Fotoserie.
   In einem Tiefwasserbecken wollten wir vom Waldrand aus noch einmal unser
Glück beim Angeln versuchen. Tatsächlich schien die Stelle optimal zu sein - wir
hatten mittlerweile ein Auge für potentielle Fangplätze entwickelt. Schon nach
wenigen Minuten begannen die ersten Äschen dem Blinker zu folgen. Da, ein
größeres Exemplar biß an! Das sah nach einem leichten Spiel aus. In sicherer Vorfreude auf ein weiteres üppiges Fischessen zog ich die Äsche aus dem Wasser. Ich
hatte mich zu früh gefreut: Zappelnd konnte sie sich vom Haken lösen und
schwamm davon! Plötzlich zeigten sich die Tiere nicht mehr sehr beißfreudig. Ich
wechselte den Blinker gegen eine Fliege, was zunächst wieder mehr Interesse bei
ihnen hervorrief. Letztlich bekam ich aber keinen Fisch mehr richtig an den
Haken, und nach einer Weile schienen sie sich völlig verzogen zu haben.
   Wir brachen wieder auf. Da die köstliche Fischmahlzeit schon in solch greif-
barer Nähe gewesen war, wollten wir an einer anderen Stelle einen zweiten Anlauf
machen. Wir erreichten einen Zufluß, wo laut Peter angeblich Hechte sitzen sollten. Um dorthin zu gelangen, mußte ich ein Stück am Ufer entlanggehen. Aus-
gerüstet mit Angel, Messer und einem kräftigen Knüppel (zum Betäuben des

Hechtes) watete ich durch den Schlick, während Eva noch am Boot hantierte. Es waren Fußspuren zu sehen - vielleicht hatten hier schon andere ihr großes Angelglück gemacht. Je näher ich an den Zulauf kam, desto weicher und nachgiebiger wurde der Boden. Vorsichtig ging ich weiter, weil ich nun schon bei jedem Schritt mehr als knöcheltief einsank. Ich war jedoch immer noch nicht weit genug am Wasser und machte einen weiteren Schritt nach vorn - da passierte das Malheur: Abrupt versank ich mit dem rechten Bein bis über das Knie im Schlick!

Sofort versuchte ich, mein Bein wieder zurückzuziehen, doch ich schien in der Falle. Der Schlamm hielt mich fest umschlungen. Mir fiel ein, wie mich mein Vater als Kind beim Urlaub an der Nordsee immer vor furchterregend klingenden Treibsandunglücken im Wattenmeer gewarnt hatte. Die Lage schien wirklich brenzlig. Ich hatte das Gefühl, daß mich jede Bewegung noch tiefer in den haltlosen Untergrund hineinzog. Sollte jetzt, nachdem wir so viele Gefahren heil und glimpflich überstanden hatten, die Natur noch mit einer völlig unerwarteten Tücke zuschlagen?

Eva war außer Sichtweite. Mein Herz klopfte mir bis zum Hals. Aus Leibeskräften schrie ich: "Eva, komm schnell, ich versinke!"

Sie kam sofort angerannt.

"Paß auf!", rief ich ihr warnend zu. "Komm' nicht zu nah. Hier ist Treibsand. Ich stecke fest!"

"Laß den Stiefel doch stecken und versuch den Fuß herauszuziehen!"

"Das geht nicht, ich sitze bombenfest!", rief ich zurück.

Eva begann fieberhaft nach einem Stock zu suchen, mit dem sie mich erreichen konnte, fand aber auf die Schnelle nichts, was lang genug gewesen wäre.

Ich warf schließlich die Angel beiseite, um beide Hände frei zu haben. Behutsam schaufelte ich den Schlamm im Bereich meines rechten Knies beiseite. Ich wagte kaum zu atmen, weil ich mit jeder Bewegung ein Stückchen tiefer einsank. Nach einigen Versuchen schaffte ich es endlich, das Bein herauszuziehen. Langsam bewegte ich mich aus der Gefahrenzone zurück.

Eva schimpfte noch ein wenig mit mir, aber letztlich waren wir beide froh, wieder einmal mit dem Schrecken davon gekommen zu sein. Hier im Busch, in der "hohen Schule des Nordens" - wie Peter einmal so schön sagte - hatten wir noch lange nicht ausgelernt. Das Ungewohnteste in dieser Wildnis war für uns wohl, daß eine vermeintlich idyllische Situation so unvermittelt in eine ernste Gefahr für Leib und Leben umschlagen konnte.

Wir verzichteten auf das Angeln und fuhren weiter. Nach einer kurzen Zeit der Fehlorientierung stellten wir fest, daß wir wieder einmal deutlich weniger weit gekommen waren, als wir gedacht hatten. Wir legten uns noch einmal kräftig in die Riemen und gelangten schließlich kurz vor 23:00 Uhr an eine der nun selten gewordenen Kieselbänke mit reichlich Treibholz. Die Moskitos waren hier wieder einmal eine Plage, man konnte sich kaum ohne Schutzhaube bewegen. Weitere Angelversuche blieben ebenfalls ohne Erfolg. Wir koch-

Unser letztes Camp am Birch River

ten uns Spaghetti al Olio mit Knoblauch, Zwiebeln und Basilikum - dazu diesmal die letzten drei Bud. Zum Nachtisch verdrückten wir unsere restlichen Bananen und Marsh Mallows.

Unser letzter Sonnenuntergang am Birch Creek war noch einmal wunderschön, trotzdem legten wir uns recht bald um 1:00 Uhr schlafen. Wir waren etwas nervös, da wir ja morgen um 14:00 Uhr an der mit Peter ausgemachten Stelle sein mußten. In der Nacht fing es leicht an zu regnen.

GESCHAFFT!

Wir standen um 10:30 Uhr auf und begnügten uns mit einem schnellen Frühstück. Unser Brot hatte tatsächlich bis zum heutigen Tag ausgereicht. Ich nahm noch einmal eine Temperaturmessung des Flußwassers vor, die hier im Unterlauf erstaunliche 15° ergab. Ein letztes Mal hieß es nun, das Camp abzubauen und das Boot zu beladen.

Um 12:20 Uhr fuhren wir los und versuchten nun peinlich genau, eine exakte Orientierung beizubehalten. Gebannt hielten wir nach einem roten Band am Ufer Ausschau. Wenn alle Stricke reißen würden, und wir den Ausstieg verpaßten, kämen wir von hier aus am nächsten Tag ja auf jeden Fall an der Brücke an. Natürlich wollten wir nicht, daß Peter einen achtstündigen Fahrweg auf sich nahm, ohne

Jubel

uns anzutreffen. Noch weniger wollten wir uns von den State Troopern suchen lassen, obwohl wir für den Fall der Fälle auch eine Rückholversicherung abgeschlossen hatten.

Wir hatten den Umgang mit Karte und Kompaß aber inzwischen so gut gelernt, daß wir die Stelle relativ problemlos fanden. Das rote Band existierte zwar nicht mehr, aber als wir in die Nähe des auf der Karte markierten Ortes kamen, sahen wir am linken Ufer einen kleinen Trampelpfad, der die Böschung hinaufführte. Um genau 13:35 Uhr legten wir an.

Geschafft!

Wir räumten das Boot komplett leer und wuchteten es mit vereinten Kräften das schlammige, steile Ufer empor. Wir trugen alles zu dem 50 m weiter gelegenen kleinen Parkplatz, auf dem ein Mietwagen und ein Pick-up-Truck mit Bootsanhänger standen. Wahrscheinlich stammten die Fahrzeuge von einem Team, das flußabwärts in Richtung des Yukon aufgebrochen war. Dieser mächtige Strom Nordamerikas floß übrigens nur 10 km östlich von hier parallel zum Birch.

Auf dem Parkplatz befand sich sogar eine behindertengerechte Toilette (mit Toilettenpapier!). Diese ersten Kontakte mit der Zivilisation nach zwei Wochen Wildnis hatten etwas Ungewohntes. In einem bärensicheren Mülleimer entsorgten wir unsere 24 leeren, plattgetretenen Dosen Bud und ein paar kleine Reste Alu-Folie. Alle übrigen Abfälle hatten wir stets penibel im Feuer verbrannt. Nachdem wir uns ausgiebig die Registriereinträge anderer Abenteurer durchgelesen hatten und auf Informationstafeln nachlesen konnten, daß im Gebiet des Birch militärische Flugmanöver abgehalten werden, blickten wir auf die Uhr.

14:00 Uhr war schon verstrichen, aber von Peter keine Spur. Statt dessen bemerkten wir interessanterweise mehrere Überreste alter Feuerstellen. Hier schienen schon einige Rückkehrer campiert zu haben...

Wir wurden allmählich etwas nervös und zählten anhand unseres Tagebuches noch einmal nach, ob wir auch am richtigen Datum angekommen waren. Es fing wieder an zu nieseln. Der Parkplatz hatte wenig gemein mit den wildromantischen

Lagerstellen unserer Flußfahrt, und wir verspürten wenig Lust, hier länger als notwendig zu bleiben. Außerdem hatten wir uns schon ausgemalt, wie Peter sich wohl freuen würde, wenn er uns wohlbehalten wieder in Empfang nehmen konnte. Nach einer weiteren halben Stunde sahen wir auf der gut 200 m entfernten Straße zum ersten Mal ein Auto vorbeifahren. Wir beschlossen, den nächsten Wagen anzuhalten, und, falls möglich, den Fahrer zu bitten, Peter anzurufen.

Gerade als wir uns Richtung Straße begeben wollten, kam Peter mit seinem großen Truck um die Ecke gebogen. Die Wiedersehensfreude war groß. Peter berichtete, daß er auf dem Weg eine Wagenpanne hatte. Eine Hinterradbremse war gebrochen, so daß der Truck nur noch über den vorderen Bremskreis verfügte. Unbekümmert luden wir trotzdem alles auf und begaben uns auf die Rückfahrt. Peter war natürlich neugierig auf unsere Erlebnisse, und so verging die lange Fahrt im Fluge.

Als Peter auf der abschüssigen Paßfahrt vom etwa 1.000 m hoch gelegenen Eagle-Summit fragte, ob Eva, die vorn saß, nicht den Sicherheitsgurt anlegen wolle, zumal ja auch die Bremsen defekt seien, meinte diese nur cool: "Och, da sind wir doch jetzt ganz andere Gefahren gewöhnt."

Am Abend fand auf Peters Veranda ein großes Zusammentreffen der Rückkehrer statt, das mit einem Festessen gefeiert wurde. Wir lernten zwei andere Teams kennen: Wolfgang und Roland, das erste Team dieses Jahres auf dem Birch, sowie Jochen und Etienne, die den Alatna River befahren hatten. Am Lagerfeuer versuchte natürlich jeder, den anderen mit immer haarsträubenderen Geschichten zu übertreffen. Der fortschreitende Bierkonsum tat dabei sein Übriges.

Jochen und Etienne, zwei Schweizer Ärzte, hatten offenbar noch die ruhigste Tour von allen hinter sich gebracht. Sie hatten sich zwar mit einem Falt-Kanadier im Buschflugzeug in die völlig abgelegene Brooks Range am nördlichen Rand des Polarkreises fliegen lassen. Aber bis auf einen großen Wolf, der an ihrem Zelt vorbeigelaufen war, sowie regelmäßigem nächtlichem Wolfsgeheul war nichts Dramatisches passiert. Der Alatna ist im Vergleich zum Birch allerdings auch ein deutlich größerer und ruhigerer Fluß ohne richtige Stromschnellen. Vielleicht lag es aber auch an der sympathisch zurückhaltenden Art der beiden Schweizer, daß sie mehr den Erzählungen der anderen lauschten.

Wolfgang und Roland, ein Koch und ein Kfz-Mechaniker aus Schwaben, übernahmen den Unterhaltungspart dagegen nur zu gern. Als erfahrene Outdoor-Spezialisten hatten sie ihre Tour in vollen Zügen ausgekostet und trumpften mit immer neuen Schmankerln auf. Während eines Zwei-Tage-Camps hatten sie sich beispielsweise mit Hilfe einer Plastikplane im Boden eine Freiluft-Badewanne gebaut, die sie in einer stundenlangen Kochtopf-Aktion auf über 20° erwärmten! Auch ein selbstgebauter Brotbackofen aus Steinplatten fehlte nicht in ihrem Fünf-Sterne-Camp.

Ohnehin schienen sie hinsichtlich ihrer Ausrüstung alle anderen Teams über-troffen zu haben. Campingstühle fehlten ebenso wenig in ihrem Equipment wie ein großes Tarp (eine Plane für einen offenen Zeltunterstand) für Regentage. Mit Hilfe eines GPS-Gerätes waren sie darüber hinaus jederzeit genauestens über ihren Standort informiert gewesen und hatten somit alle bekannten Gefahrenstel-len problemlos umgehen können. Trotzdem waren sie im Oberlauf am ersten Tag gekentert - wahrscheinlich an demselben Sweeper, vor dem uns Eva in letzter Sekunde bewahren konnte. Bei einer Waldwanderung hatten sie außerdem das riesige Nest eines Weißkopfadlers entdeckt und im Unterlauf sogar eine Nacht-fahrt unternommen.

Unsere Elchbegegnung rief in der Runde der Abenteurer ernste Mienen her-vor. Als Eva dann aber von ihrer "Yellow Submarine"-Gesangseinlage erzählte, löste sich die Spannung und es wurde herzhaft gelacht. Von den anfangs so gefürchteten Bären war übrigens keines der Teams behelligt worden.

Wir berichteten von unseren unfreiwilligen Abfahrten durch Twin Rapids und Nirwana Falls. Es sorgte für allgemeines Erstaunen, daß wir dabei nicht gekentert waren. Peter erzählte, daß er mit einem Freund einmal ausprobiert habe, Nirwana Falls im Kanadier zu befahren. Sie hatten direkt neben der Stromschnelle ihr Lager aufgeschlagen und spaßeshalber mehrere Durchfahrtversuche mit dem leerge-räumten Kanu gemacht. Von 10 Versuchen war nur einer ohne Kentern verlaufen!

Peter hatte noch eine weitere ungewöhnliche Nirwana-Falls-Anekdote auf Lager. Vor einigen Jahren sei einmal ein Pärchen ebenfalls aus Versehen in die Wasserfälle geraten. Der männliche Begleiter sei, ähnlich wie ich, noch aus dem Boot gesprungen, allerdings tatsächlich in der Absicht, "seinen Arsch zu retten". Seiner gekenterten Freundin habe er nur noch zugerufen, daß sie beim Boot blei-ben solle. Er muß dann wohl völlig die Nerven verloren haben.

"Jedenfalls", so erzählte Peter, "ist er ohne seine Schuhe - die hatte er im Was-ser verloren - auf den nächsten Hügel gestiegen und hat stundenlang versucht, ein Flugzeug herbeizuwinken. Natürlich kam im dem Moment nicht gerade eins vorbei, also hat er sich schließlich verzweifelt flußabwärts auf die Socken gemacht, in der Hoffnung, dort seine Freundin wiederzutreffen. Nach einiger Zeit fand er sie tatsächlich. Sie war wohl ein bißchen praktischer veranlagt als er. In der Zwischenzeit hatte sie nämlich ein Camp errichtet und bereits ein Lagerfeuer am brennen. Als er eintraf, hatte sie gerade das Abendessen fertig!"

Ein wenig ungläubig dachten wir über diese Begebenheit nach. Auch wir waren so manches Mal in verzweifelte Situationen geraten, die sich aber zum Glück ebenso schnell wieder auflösten, wie sie gekommen waren. Und von meinem kleinen Wildniskoller auf dem Hügel und Evas manchmal etwas nervigen Tierphobien abgesehen, waren wir wirklich ein tolles Team gewesen.

Letztlich waren wir auch froh, kein GPS-Gerät dabei gehabt zu haben. Sicher, wir hätten uns so manche böse Überraschung erspart - aber wie viel an Hoffen und Bangen sowie Freude über geglückte Orientierungserfolge wäre uns entgangen! Auch unser Elch-Abenteuer wollten wir im Nachhinein nicht missen, hatte es uns doch eine hautnahe und tiefgehende Begegnung mit einer potentiell tödlichen Kreatur vermittelt. Die Existenz solcher Wesen ist wohl ein unverzichtbarer Bestandteil echter Wildnis.

Man kann wohl behaupten, daß die Wildnis ein Ort ist, der uns Menschen nicht braucht. Ja, in der Regel nimmt sie schlicht keine Notiz von uns, ihr ist es egal, wie es uns dort ergeht. Sie kann uns somit weder freundlich noch feindlich gesonnen sein. Aber möglicherweise brauchen *wir* die Wildnis. Vielleicht sind uns bestimmte Erfahrungen durch den Einfluß der Zivilisation verloren gegangen. Nie zuvor hatten wir jedenfalls so intensiv und bewußt die Unwichtigkeit unseres Daseins erlebt und gleichzeitig die Kraft gespürt, mit der wir trotzdem an unserem Leben hängen. Insofern hat Clint Willis vielleicht Recht, wenn er schreibt: "Die Wildnis ist unser Zuhause. Wir gehen hinein, und schon wollen wir wieder heraus. Wir gehen raus, und wollen gleich wieder rein. Das macht uns froh und jagt uns Angst ein."

PACKLISTE

H = aus Hamburg mitgebracht, P = von
Peter, A = in Alaska gekauft

Papiere

Notizbuch, Kugelschreiber, Bleistift	H
Adressen u. Telefonnummern	H
5 Karten vom Birch Creek (1:63.000)	P
3 Ratgeber (Überleben, Angeln, Kanu)	H
2 Bücher (Abenteuer, Jack London)	
(keine Zeit zum Lesen gehabt)	H

Bekleidung Martin

1 Jacke mit Kapuze (Goretex)	H
1 Fleece Jacke	H
1 Zip-Hose lang	H
1 Hose lang, leicht (Polyamid)	H
1 Regenüberziehhose (Goretex)	H
1 Badeshorts (nicht gebraucht)	H
1 Wollpullover (nicht gebraucht)	H
1 T-Shirt Power Dry	H
1 T-Shirt Baumwolle	H
1 Unterhose lang, leicht (Polyamid)	H
5 Unterhosen kurz	H
1 Unterhemd lang, dünn (Polyamid)	H
1 Paar Wandersocken	H
4 Paar Baumwollsocken	H
1 Kappe (Sonne)	H
1 Paar Handschuhe (nicht benutzt)	H
1 Paar Trekkingstiefel	H
1 Paar Turnschuhe	H
1 Paar Schwimmschuhe	H
1 Sonnenbrille	H
1 Brille mit Schnur	H

Bekleidung Eva

1 Jacke mit Kapuze (Goretex)	H
1 Fleecejacke	H
1 Zip-Hose lang	H
1 Hose lang, leicht (Polyamid)	H
1 Regenüberziehhose	H
1 Kapuzenpulli leicht	H
1 Bluse	H
1 T-Shirt Baumwolle	H
2 T-Shirts Power Dry	H
1 Sonnen-Top	H
1 Unterhose lang, leicht (Polyamid)	H
1 Unterhemd lang, leicht (Polyamid)	H
5 Unterhosen kurz	H
1 Paar Wandersocken	H
4 Paar Baumwollsocken	H
1 Stirnband	H
1 Kappe (Sonne)	H
1 Paar Fahrradhandschuhe ohne Finger	
zum Paddeln (nicht benutzt)	H
1 Paar Trekkingstiefel	H
1 Paar Turnschuhe	H
1 Paar Schwimmschuhe	H
1 Sonnenbrille	H
1 Brille mit Schnur	H

Waschzeug Martin

1 Kulturtasche	H
1 Handtuch Nylon schnelltrocknend	H
1 Zahnbürste	H
1 Klappbürste mit Spiegel	H
1 Zahnpasta	H
1 Nagelknipser	H
1 Niveacreme (Tube)	H
1 Handcreme (zu wenig!)	H

1	Paar Ohrenstöpsel	H
1	Sonnenschutzmittel LS 20	H
1	Insektenschutzmittel (Muskol)	A

Waschzeug Eva

1	Kulturtasche	H
2	Reisehandtücher schnelltrocknend	H
1	Zahnbürste	H
1	Zahnpasta	H
1	Kristall-Deo	H
1	Bürste	H
1	Nagelschere	H
2	Päckchen Tampons	H
1	Asche-Basis Salbe	H
1	Paar Ohrenstöpsel	H
1	Sonnenschutzmittel LS 25	H
1	Insektenschutzmittel (Muskol)	A

Verbandsmaterial

1	Foot-Care Blasenschutz (Hansaplast)	H
1	Hansaplast Wundpflaster elastisch	H
1	Verbandspäckchen (steril)	H
1	Rolle Klebepflaster	H
4	sterile Mullkompressen 7,5 x 7,5	H
2	steriler Wundverband 7,5 x 5	H
2	Mullbinden 4x8	H
1	Desinfektionsmittel (Ypsilin)	H
1	Dreieckstuch	H

Instrumente

1	Splitterpinzette	H
1	Schere klein (Taschenmesser)	H
	Sicherheitsnadeln (Sortiment)	H
2	Skalpellklingen	H
2	sterile Tupfer	H
1	Fieberthermometer digital	H
6	Spritzen (2x10 ml, 4x5 ml)	H
4	Kanülen	H

Medikamente

1	Erste-Hilfe-Kit	P
1	Bauchschmerzen: Buscopan plus	H
20	Beruhigung: Diazepam	H
1	Durchfall: Imodium + Elotrans	H
20	Infektionen (bakteriell): Doxycyclin	H
5	Grippe: Grippostadt	H
1	Viren: Zovirax Creme	H
10	Schmerzen stark: Valoron	H
30	Schmerzen: Paracetamol + ASS	H
3	Lokal-Anästhetikum Carbostesin	H
1	Wunden: Brand- u. Wund-Gel	H
1	Mückenstiche: Fenistil (Tube zu klein!)	H
1	Übelkeit-Erbrechen: MCP 30 ml	H
1	Verstauchungen: Voltaren Gel	H
1	Husten: Bronchicum	H

Verpflegung

3	Laibe Brot (in Scheiben)	A
2	Töpfe Margarine	A
	Olivenöl 500 ml	A
	Mehl 3 kg (nicht benutzt)	A
	Paniermehl (nicht benutzt)	A
	Reis 1,5 kg	A
	Nudeln 3 kg	A
4	Tomatensoße	A
	Kartoffeln 2,5 kg	A
	Milchpulver 500 g für Kaffee/Kakao	A
10	Eier	A
	Speck 2 kg (Bacon)	A
4	T-Bone-Steaks	A
1	Salami 1 kg	A
1	Gouda 1 kg	A
10	Beef Jerkeys	A
	Studentenfutter 1,5 kg	A
	Nüsse 500 g (gemischt)	A
20	Schokoriegel	A
	Kaffee 340 g (instant)	A

10	Zwiebeln	A
	Knoblauchknollen 2 kg (zuviel)	A
	Karotten	A
	Tomaten	A
	Paprika	A
	Champignons	A
	Birnen	A
	Bananen	A
2	Flaschen Weißwein	A
24	Dosen Bier	A
1	Orangensaft 3,5 Liter	A
10	Fertigsuppenbeutel (zuviel)	H
6	Gemüsebrühwürfel (nicht benutzt)	H
1	Soßenpäckchen (nicht benutzt)	H
1	Glas Pflaumenmus 345g	H
1	Glas Nutella 0,75 kg	H
3	Vanillezucker (nicht benutzt)	H
6	Backpulver (nicht benutzt)	H
	Zucker 500 g (nicht benutzt)	A
	Salz 35 g	H
	Kräutersalz 250 g	H
1	Soja-Soße	A
30	Teebeutel (zuviel)	H
	Kakao 200 g (nicht benutzt)	H
3	Kräuterdöschen in Öl (Milerb)	H
1	Gewürzstreuer (Kombi)	H
10	Schokolade (zuviel)	H
1	Tüte Bonbons	H
2	Packungen Kekse	H
1	Tüte Marshmallows	A
½	Liter Rum (für Kakao oder Tee)	H
80	Vitamin-Brausetabletten (zuviel)	H

Zelt-Ausrüstung

1	Zelt	A
2	Moskitokopfhauben	A
2	Schlafsäcke	H
2	Inletts (Cocon)	H
1	Paar Daunen-Booties Eva	H
2	Isoliermatten Therm-A-Rest	H
2	Isoliermatten einfach	P
1	Schlafbrille	H
1	Taschenlampe (nicht benötigt)	H
2	Kissen aufblasbar (geplant, haben wir aber nicht bekommen)	

Fotoausrüstung

1	Spiegelreflex-Kamera und Objektive	H
1	Mini-Stativ	H
1	wassergeschützte Box für Kamera	A
1	Kleinbildkamera Olympus	H
1	wasserdichter Beutel (Ortlieb) für die Kleinbildkamera	H
12	Diafilme (100 - 200)	H
	Ersatzbatterien (Kameras/Recorder)	H
1	Mini-Cassettenrecorder mit externem Mikrofon	H

Orientierung

2	Armbanduhren	H
1	Kompaß	P
1	Thermometer außen/innen	H
2	Survial-Kits mit jeweils	
1	Feuerzeug	P
1	Feuerstarter	P
1	Angelhaken (klein)	P
1	Angelhaken (mittelgroß)	P
1	Angelschnur	P
1	Kompaß	P
1	Mückenschutz	P
	Pflaster	P
1	Schmerztablette	P
1	Rettungsfolie	H

Angelausrüstung

1	Angel (steckbar)	P

1 Rolle mit Schnur und eine Ersatzrolle P
10 Blinker, Fliegen (verschiedene
Farben und Größen) A
1 Schwimmer A

Küchenutensilien

5 Sch. wasserfeste Streichhölzert) A
1 Topf (groß) P
1 Stielkasserolle P
1 Bratpfanne (gußeisern, groß) P
2 Tassen (Emaille) P
3 Teller (Emaille) P
2 Eßbestecke Edelstahl H
1 Kochbesteck P
1 Schüssel (Abwasch, Wäsche) P
1 Grillrost P
1 Paar Grillhandschuhe P
1 Paar Gummihandschuhe A
1 Filetiermesser H
1 Klappmesser (am 1. Tag verloren) H
3 Feuerzeuge (Einweg) H
2 Schneidebretter (groß, klein) P,H
2 Trinkflaschen Alu Sigg 1 Liter H
1 Geschirrtuch H
1 Stahlwolle H
20 Stegverschlußbeutel (2 Größen) H
1 Rolle Alu-Folie H
1 Wasserfilter Keramik H

Gepäck

2 wasserdichte Tourensäcke groß
mit Schultergurten P
1 wasserd. Tourensack mittel für Zelt P
1 wasserd. Tourensack klein
für Toilettenpapier P
2 Tagesrucksäcke klein H
1 Kühltruhe groß P
1 Plastiktruhe groß (Gearbox) P

Sonstiges

1 Schweizer Offiziersmesser H
5 Sicherheitsnadeln H
2 Bärenglocken A
2 Kartuschen Bärengas P
1 Goldwaschpfanne P
1 Axt P
1 Kombizange P
1 Hammer P
Draht P
Nägel P
Kanu-Reparatur-Material P
2 Paar Hüftstiefel P
2 Schwimmwesten P
1 Ersatzpaddel P
1 verstärkte Plastikplane 5 x 7 m
(auf Peters Wagen vergessen) A
1 Seil 25 m P
Gummibänder H
1 Wäscheleine 10 m H
12 Wäscheklammern H
1 Gewebeklebeband (Duck Tape) H
1 Sekundenkleber H
Nähzeug H
1 Wassersack 10 Liter
mit Duschaufsatz (nicht benutzt) H
1 Outdoorseife 1 Liter
(viel zuviel, 100 ml reichen) H
8 Päckchen Taschentücher H
6 Rollen Toilettenpapier (zuviel) A
1 Frisbee H
1 Fernglas H

Alle Bücher aus dem Conrad Stein Verlag

OutdoorHandbücher
Basiswissen für Draussen

Band		€
1	Rafting	6,90
2	Mountainbiking	6,90
3	Knoten	6,90
4	Karte Kompaß GPS	7,90
5	Eßbare Wildpflanzen	6,90
6	Skiwandern	6,90
7	Wildniswandern	6,90
8	Kochen 1 aus Rucks. u. Packtasche	6,90
9	Bergwandern	6,90
10	Solo im Kanu	6,90
11	Kanuwandern	7,90
12	Fotografieren	7,90
13	Wetter	6,90
14	Allein im Wald - Survival für Kinder	6,90
15	Wandern mit Kind	6,90
16	Sex-Vorbereitung Technik Varianten	6,90
20	Wüsten-Survival	7,90
21	Angeln	7,90
22	Leben in der Wildnis	7,90
24	Ratgeber rund ums Wohnmobil	7,90
25	Wale beobachten	7,90
30	Spuren & Fährten	7,90
31	Canyoning	7,90
34	Radwandern	7,90
35	Mushing - Hundeschlittenfahren	7,90
36	Gesund unterwegs	6,90
39	Erste Hilfe	7,90
45	Solotrekking	6,90
48	Für Frauen	6,90
58	Fahrtensegeln	7,90
65	Seekajak	6,90
68	Minimal Impact - Outdoor - naturverträglich	6,90
69	Abenteuer Teeniegruppe	6,90
70	Wintertrekking	6,90
72	Schnorcheln und Tauchen	6,90
73	Trekkingreiten	7,90
77	Wohnmobil in USA und Kanada	9,90
86	Regenwaldexpeditionen	7,90
94	Wattwandern	7,90
97	Urlaub auf dem Land	7,90
99	Kochen 2 - für Camper	6,90
100	Ausrüstung 1 - von Kopf bis Fuß	7,90
101	Ausrüstung 2 - für Camp und Küche	7,90
102	Ballonfahren	6,90
103	How to shit in the Woods	7,90
104	Globetrotten	7,90
106	Daumensprung und Jakobsstab	6,90
108	DocHoliday - Taschendoktor für Outdoorer, Traveller und Yachties	6,90
120	Trailfinder - Orientierung ohne Kompaß und GPS	6,90
129	Kochen 3 - für Zeltlager & Freizeiten	7,90

OutdoorHandbücher
Der Weg ist das Ziel

Band		€
17	Schweden: Sarek, Padjelanta, Abisco	12,90
18	Schweden: Kungsleden	12,90
19	Kanada: Yukon- Kanu- und Floß	12,90
23	Spanien: Jakobsweg	12,90
26	Schottland: West Highland Way	12,90
27	John Muir Trail (USA)	10,90
28	Landmannalaugar (Island)	10,90
29	Kanada: West Coast Trail	9,90
32	Polen: Radtouren in Masuren	12,90
33	Trans-Alatau (GUS)	10,90
37	Kanada: Bowron Lakes	10,90
38	Polen: Kanutouren in Masuren	12,90
40	Trans-Korsika - GR 20	12,90
41	Norwegen: Hardangervidda	12,90
42	Nepal: Annapurna	10,90
43	Schottland: Whisky Trail	12,90
44	Tansania: Kilimanjaro	12,90
49	USA: Grand Canyon Trails	10,90
50	Kanada: Banff & Yoho NP	10,90
51	Tasmanien: Overland Track	10,90
52	Neuseeland: Fiordland	10,90
53	Irland: Shannon-Erne	10,90
54	Südafrika: Drakensberge	10,90
55	Spanien: Pyrenäenweg GR 11	10,90
56	Polen: Drawa-Kanutour	9,90
57	Kanada: Great Divide Trails	10,90
59	Kanada: Wood Buffalo NP (Kanu)	9,90
60	Kanada: Chilkoot Trail	10,90
61	Kanada: Rocky Mountains-Radtour	10,90
62	Irland: Kerry Way	10,90

63	Schweden: Dalsland-Kanal	12,90
64	England: Pennine Way	12,90
66	Alaska Highway	12,90
71	N-Spanien: Jakobsweg-Nebenrouten	12,90
74	Nordirland: Coastal Ulster Way	10,90
76	Pfälzerwald-Vogesen-Weg	10,90
78	Polen: Pisa-Narew (Kanuroute)	9,90
79	Bolivien: Choro Trail	10,90
80	Peru: Inka Trail u. Region Cusco	10,90
81	Chile: Torres del Paine	12,90
82	Norwegen: Jotunheimen	12,90
83	Neuseeland: Stewart Island	9,90
84	USA: Route 66	10,90
85	Finnland: Bärenrunde	9,90
87	Montblanc-Rundweg - TMB	9,90
88	Griechenland: Trans-Kreta	9,90
89	Schweden: Skåneleden	9,90
90	Mallorca: Serra de Tramuntana	9,90
91	Italien: Trans-Apennin	9,90
92	England: Themse-Ring	9,90
93	Spanien: Sierra Nevada	12,90
95	Norwegen: Nordkap-Route	12,90
96	Polen: Czarna Hancza/Biebrza-Kanu	9,90
98	Wales: Offa's Dyke Path	9,90
107	GR 5: Genfer See - Nizza	12,90
109	Mecklenburgische Seenplatte	9,90
112	Norwegen: Telemark-Kanal	9,90
113	Thüringen: Rennsteig	9,90
114	Alpen: Dreiländerweg (CH-A-I)	9,90
115	Tschechien: Freundschaftsweg (2003)	9,90
116	Spanien: Jakobsweg - Via de la Plata (2003)	12,90
117	Schweiz: Jakobsweg (2003)	9,90
118	Rund Australien	14,90
119	Schwäb. Alb: Hauptwanderweg (2003)	9,90
121	Italien: Dolomiten-Rundweg (2003)	9,90
122	Schwarzwald-Jura-Weg (2003)	9,90
127	Uganda: Ruwenzori-Wanderungen (03)	12,90
128	Frankreich: Jakobsweg v. Le Puy... (03)	12,90

OutdoorHandbücher
Fernweh-Schmöker

Band		€
46	Blockhüttentagebuch (R. Höh)	12,90
47	Floßfahrt nach Alaska (R. Höh)	10,90
75	Auf nach Down Under (Australien)	7,90
105	Südsee-Trauminsel (Tom Neale)	9,90
110	Huskygesang - Hundeschlittenfahrten	7,90
111	Liebe - Schnaps - Tod (Thailand)	7,90
123	Pacific Crest Trail (USA)	9,90
124	Zwei Greenhorns in Alaska	7,90
125	Auf dem Weg zu Jakob	9,90
126	Kilimanjaro-Lesebuch	7,90
130	1000 Tage Wohnmobil - Weltreise...	9,90

ReiseHandbücher

	€
Äthiopien	22,90
Antarktis	24,90
Grönland	14,90
Iran	22,90
Kanarische Inseln	14,90
Kiel	9,90
Kiel von oben - Luftbildband	24,90
Kurs Nord	24,90
Libyen	22,90
Neuseeland-Handbuch	18,90
Phuket & Ko Samui	14,90
Reisen mit Hund	9,90
Rumänien	14,90
Schweiz	18,90
Sibirien	22,90
Slowakei	14,90
Spitzbergen-Handbuch	22,90
Tansania / Sansibar	19,90

Fremdsprech

Band		€
1	Oh, dieses Dänisch	4,90
2	Oh, dieses Schwedisch	4,90
3	Oh, dieses Spanisch	4,90
4	Oh, dieses Englisch	4,90
5	Oh, dieses Französisch	4,90

230802

☺ **Weitere Bände in Vorbereitung.
Fordern Sie unseren
aktuellen Verlagsprospekt an.**